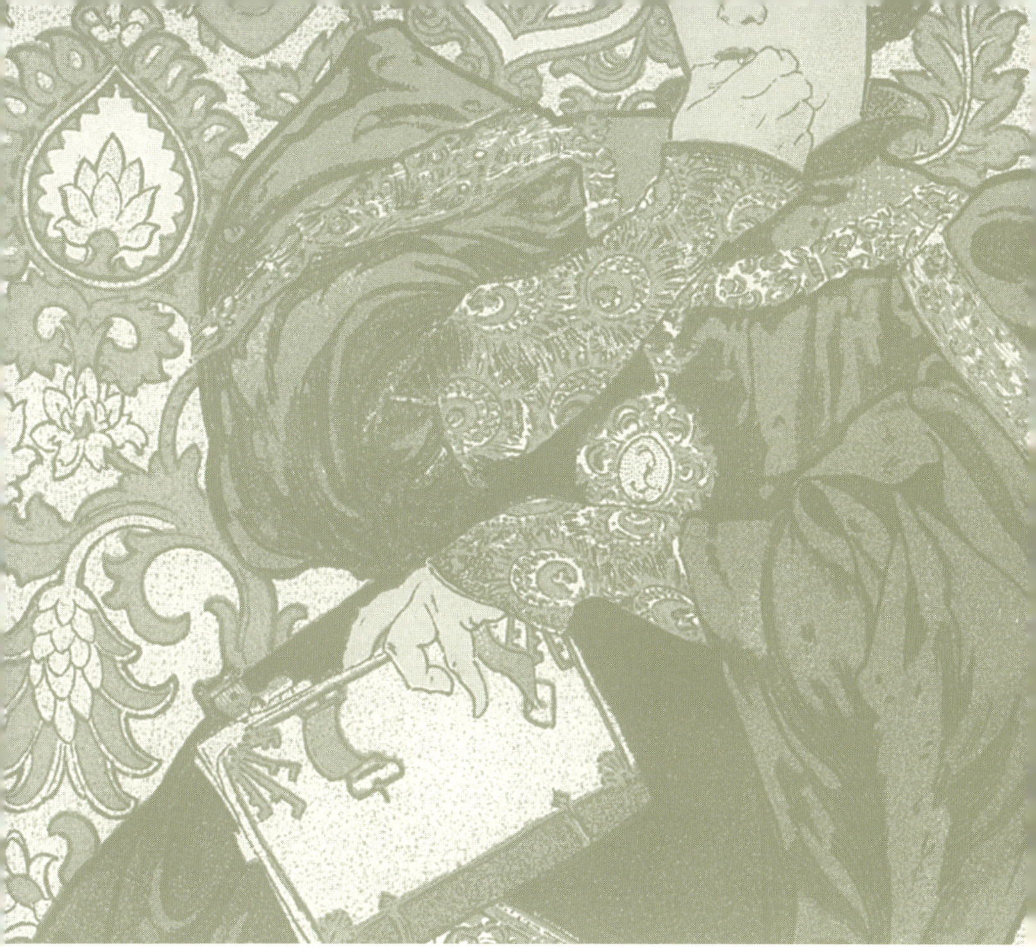

인간의 영혼 안에 있는
하나님의 생명

The Life of God in the Soul of Man
Rules and Instructions for a Holy Life

헨리 스쿠걸 · 로버트 레이턴 지음 | 스티브 핸쳇 편집 | 김태곤 옮김

GOD'S ABUNDANT LIFE

Copyright ⓒ 2003 Grace Publications Trust
175 Tower Bridge Road, London SE1 2AH, England.
All rights reserved.

Korean Edition published by Word of Life Press, Seoul, 2007.
Translated and published by permission.
Printed in Korea.

인간의 영혼 안에 있는
하나님의 생명

ⓒ 생명의말씀사 2007

2007년 5월 25일 1판 1쇄 발행
2024년 3월 20일　　　 9쇄 발행

펴낸이 | 김창영
펴낸곳 | 생명의말씀사

등록 | 1962. 1. 10. No.300-1962-1
주소 | 서울시 종로구 경희궁1길 6 (03176)
전화 | 02)738-6555(본사) · 02)3159-7979(영업)
팩스 | 02)739-3824(본사) · 080-022-8585(영업)

기획편집 | 태현주, 전보아, 김정주
디자인 | 염혜란, 전민정
인쇄 | 영진문원
제본 | 다온바인텍

ISBN 978-89-04-15770-9 (03230)

저작권자의 허락없이 이 책의 일부 또는 전체를
무단 복제, 전재, 발췌하면 저작권법에 의해 처벌을 받습니다.

인간의 영혼 안에 있는
하나님의 생명

서언

"사람들은 글도 많이 쓰고 말도 많이 하지만 들을 만한 말은 하나도 하지 않을 수도 있습니다. 그러나 말을 적게 해도 들을 만한 말이 많다는 것이 중요합니다." 이는 헨리 스쿠걸Henry Scougal의 장례식에서 그의 친구 조지 게어든이 했던 말이다. 스쿠걸은 1678년 6월 13일에 폐결핵으로 사망했다. 그의 나이 겨우 28세였다.

누구의 말을 들어 보아도 헨리 스쿠걸은 명철하고 경건한 젊은이었다. 일찍부터 부친 패트릭은 그를 주의 일에 헌신시켰고, 그는 어릴 적부터 영적으로나 지적으로 빠른 진전을 보였다. 성경의 여러 부분을 암기했고, 다른 외국어들은 물론 히브리어와 헬라어와 라틴어도 배웠다. 또한 수학과 역사에 능했을 뿐 아니라, 복잡한 철학도 파고들었다. 그는 15세에 스코틀랜드의 애버딘에 위치한 킹스 칼리지에 들어갔으며 4년 후에 학업을 마쳤다.

짧은 생애 동안 스쿠걸은 킹스 칼리지에서 4년간 교수로 일했고, 옥터리스에 있는 한 교회에서 1년간 목회한 후에 킹스 칼리지로 다시 돌아가 신학교수로서 학생들에게 목회훈련을 시켰다. 그는 다른 이들이 그리스도와의 친교를 통해 얻는 풍성한 삶을 체험하도록 돕는 필생의 사역을 수행하기 위해 이 모든 직책들을 활용했다.

그의 가르침과 설교와 글에서 그리고 개인적인 관계에서 스쿠걸은 늘 한 가지 목표에 초점을 맞추었다. 바로 다른 이들이 그리스도를 알며 그분 안에서 행복을 발견하도록 돕는 일이었다. 그는 모든 대화를 사람들의 심령 속에 복음의 씨앗을 심는 기회로 삼았다. 설교를 준비할 때마다 성경본문의 의미를 연구할 뿐만 아니라, 어떤 표현과 예화가 듣는 이들에게 진리를 가장 잘 전달해 줄지도 고려했다. 책을 구입할 때마다 그는 그 내용을 전해 들을 누군가에 관해 생각했다.

다른 사람들을 예수 그리스도께 인도하려는 스쿠걸의 열망이 『인간의 영혼 안에 있는 하나님의 생명』 *The Life of God in the Soul of Man*을 탄생시켰다. 원래 이 책은 한 친구를 참된 믿음으로 인도하려는 마음에서 편지 형태로 쓴 글이다.

스쿠걸의 몇몇 친구들이 그 편지를 읽고 나서 너무 감동받은 나머지 그 사본을 길버트 버넷에게 보내어 출간을 요청했다. 스쿠걸의 편지를 읽어 본 버넷은 그 요청을 흔쾌히 받아들였다. 그 편지를 출간하기로 한 결심이 장차 얼마나 큰 영향을 미치게 될지 버넷으로서는 미처 알지 못했다.

교회 역사상 많은 명사가 이 책의 영향을 받았다. "나 같은 죄인 살리신"이라는 찬송을 지은 존 뉴턴에게 이 책은 가장 좋아하는 책들 중에 하나였다. 『인간의 영혼 안에 있는 하나님의 생명』과 존 파이퍼의 『하나님의 기쁨』 The Pleasures of God 의 서문을 썼던 J. I. 패커도 스쿠걸의 책을 읽고 영감을 받았다.

존 웨슬리와 찰스 웨슬리의 모친인 수재너 웨슬리는 이 책을 읽고서 많은 감명을 받았으며 나머지 아들들에게 연구해 볼 것을 권했다. 이 연구의 도움으로 존은 기독교가 무엇보다도 마음과 영혼의 종교라는 신념을 갖게 되었다.

존은 스쿠걸의 복음제시 방법에 매료되었고, 그래서 모친과 함께 찰스에게도 스쿠걸의 책을 읽어 볼 것을 권했다. 그 책이 찰스에게도 깊은 감명을 주었던 것이 분명하다. 왜냐하면 친구인 조지 휘트필드가 하나님과의 관계에서 평안을 얻으려고 애쓰고 있었을 때, 찰스가 이 책을 선물했기 때문이다.

하나님께서는 조지 휘트필드의 눈을 열어 모든 종교적 노력들이 결코 그를 구원해 주지 못하며, 그에게는 그리스도로 말미암는 새 생명이 필요하다는 점을 보여 주기 위해 이 책을 사용하셨다.

휘트필드는 이 일에 대해 "비록 내가 금식하고, 경계하고, 기도하며, 그토록 오랫동안 성례를 지켜 왔지만, 소중한 친구의 손을 통해 하나님께서 그 탁월한 책자를 보내 주시기 전까지는 참된 신앙에 대해 전혀 몰랐습니다."라고 말했다.

몇 년 후에 한 설교에서 휘트필드는 이렇게 회상했다. "나의 오랜 친구인 찰스 웨슬리에 대해 증거할 말이 있습니다. 그가 『인간의 영혼 안에 있는 하나님의 생명』이라는 책을 전해 주었는데, 그 책을 통해 하나님께서는 내가 거듭나지 않으면 멸망에 처할 수밖에 없음을 알려 주셨습니다."
물론 휘트필드는 수많은 사람을 하나님 나라로 이끌었던 대각성 시기에 하나님의 위대한 도구로 쓰임받았다. 그의 주요 설교 메시지는 이 책을 읽고서 처음 배웠던 내용이었다.

내가 헨리 스쿠걸이라는 이름과 처음 친숙해진 것은 존 파이퍼의 글과 조지 휘트필드의 전기문을 통해서였다. 그의 책을 처음 읽게 된 것은 그토록 많은 사람에게 강력한 영향을 미쳤던 내용이 어떤 것인지 알고 싶어서였다. 솔직히 고어체의 단어와 구문은 저자의 의도를 충분히 이해하는 데 장애요인이 되었다. 그 장애를 극복하기 위해 나는 오래된 영어사전을 구했고, 스쿠걸의 어휘를 현대 영어로 옮기는 일에 착수했다.

수년에 걸쳐 나는 이 책을 여러 차례 반복해 숙독했다. 다시 읽을 때마다 새로운 통찰력과 은혜를 경험했다. 스쿠걸의 글은 하나님의 풍성한 생명을 체험하는 것이 무엇을 뜻하는지에 대해 신선한 안목을 갖게 해주었다.

당시에 많은 사람이 신앙을 가졌지만 참된 영적 삶을 사는 이들은 거의 없었던 것 같다. 스쿠걸은 이 문제를 직접 지적하며 하나님의 풍성한 생명 속에서 할 수 있는 길을 사람들에게 분명히 보여 준다. 그의 글을 현대어로 옮긴 번역본이 원문과 똑같이 삶을 변화시키는 효력을 발휘하길 나는 진심으로 바란다.

비록 스쿠걸은 28년이라는 짧은 생애를 살았지만, 그의 삶이 미친 영향은 실로 엄청나다. 조지 게어든의 장례식 메시지를 다시 인용해 보기로 하자.

"삶의 길이는 세월의 경과에 의해서가 아니라, 하나님의 크신 계획 속에서 얼마나 진전을 보였느냐에 의해 측정됩니다……그는 28년이라는 짧은 세월을 살았지만 많은 일을 했습니다."

스쿠걸의 글에다 『거룩한 삶을 위한 규례와 지침』Rules and Instructions for a Holy Life이라는 로버트 레이턴Robert Leighton의 짧은 글을 첨가하였다. 이 두 글을 함께 싣는 것이 적절해 보인다. 레이턴은 헨리 스쿠걸에게 많은 영향을 미쳤다. 그는 교회사상 격동기에 살았다. 생애 전반에 걸쳐 스코틀랜드의 장로교 지도자들과 영국 성공회 지도자들 사이에 주도권 다툼이 지속되었다. 그의 부친은 장로교 목사로서 자신의 소신 때문에 핍박받기도 하고, 다른 사람들을 핍박하기도 했다.

로버트는 처음에 장로교 목사로서 사역을 시작했지만 나중에 성공회로 옮겼다. 레이턴의 궁극적 목표는 두 교파들 모두에서 가장 좋은 점을 찾아내어 한 교회 안에서 결합시키는 것이었다. 하지만 그 결과는 실망스러웠고, 결국 그런 시도를 포기했다.

로버트 레이턴의 삶은 그가 당시의 세상을 변화시켰음을 보여 주는 것이 아니라, 당시의 세상이 그를 변화시킬 수 없었음을 보여 준다. 그는 폭풍의 한가운데에서 살았지만 깊은 영성과 도덕성을 지닌 인물로 남았다.

또한 개인적인 권한을 추구하지 않았고, 항상 다른 사람들을 존중했으며, 다른 사람을 변화시키려고 권한이나 강제력을 사용하려 들지 않았다. 그는 견해 차이를 보이는 사람들을 핍박하는 것을 가리켜 '지옥에서 가져온 사다리를 타고 하늘로 올라가려고 하는 것'에 비유했다.

레이턴은 사람들에게 필요한 것이 참되고 내밀한 영적 삶이라고 믿었다. 헨리 스쿠걸의 사고에 부분적으로 영향을 미친 것은 마음 깊은 곳에서 우러나는 신앙을 향한 레이턴의 열정이었다.

레이턴이 중요시했던 것이 무엇인지는 그의 설교내용과 관련한 질문에 대한 대답에서도 드러난다. 왜 당시의 주제들에 대해 설교하지 않는지를 묻는 질문에 그는 누가 그런 것들을 설교하는지에 대해 반문했다. 질문자는 모든 교우들이 그렇게 한다고 말했다. 그때 그는 "여러분 모두가 현시대의 주제를 설교한다면, 단 한 사람만이라도 예수 그리스도와 영원에 대해 설교하도록 놔 두어도 괜찮을 것입니다."라고 대답했다.

그것이 바로 로버트 레이턴이 진정으로 바라는 일이었다. 즉, 예수 그리스도를 전하며 그분 안에 있는 생명을 발견하는 것이었다.

레이턴의 비전과 마음은 헨리 스쿠걸에게서도 발견된다. 따라서 이들 두 사람의 글을 본서에서 함께 묶어 소개하는 것이 적절하다. 그리하여 독자는 단순한 종교가 아니라 예수 그리스도 안에 있는 풍성한 생명을 체험할 것이다.

스티브 핸쳇

■ 서언 | 7

PART 1. 인간의 영혼 안에 있는 하나님의 생명

1. 참된 기독교 | 15

기독교에 관한 그릇된 개념들
기독교란
자연적인 생명이란
신적인 생명의 특성이 어떻게 드러나는가
그리스도의 삶이 하나님의 생명을 드러낸다
■ 그리스도를 닮기 위한 기도

2. 풍성한 생명의 탁월성 | 45

하나님 사랑의 탁월성
하나님 사랑에 따른 유익들
이웃을 향한 사랑의 탁월성
정결의 탁월성
겸손의 탁월성
■ 변화된 심령을 위한 기도

3. 그리스도인의 삶의 어려움과 임무들 | 67

    낙심 극복
    하나님을 신뢰하고 실행에 옮김
    영적 변화를 위해 해야 할 일들
    묵상은 강력한 도구이다
    기도는 하나님께로 가까이 이끈다
    성찬을 통해 얻는 유익
       ■ 영혼을 강건케 하기 위한 기도

PART 2. 거룩한 삶을 위한 규례와 지침

거룩한 삶을 위한 규례와 지침 | 113

    하나님을 묵상하는 훈련
    주이신 예수님
    자아에 대해 죽음
    그리스도를 아는 지식을 위해 모든 것을 버림
    환난 중에 기뻐함
       ■ 영적 성장을 위한 고려사항들
       ■ 결론적인 고려사항들

PART 1

인간의 영혼 안에 있는 하나님의 생명
풍성한 생명을 체험하는 법

헨리 스쿠걸

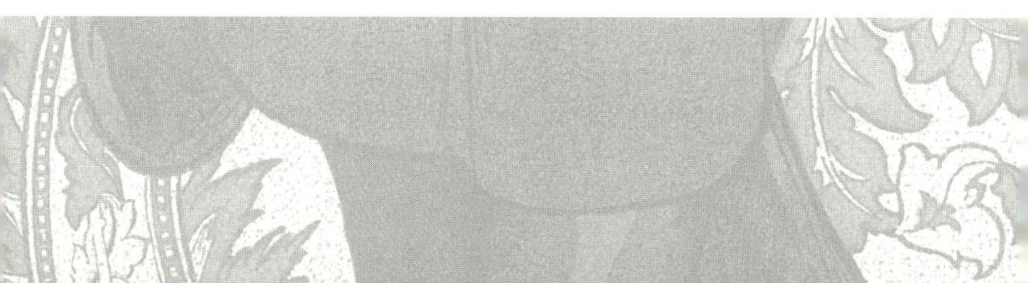

그리스도를 보내셔서 그 삶을 통해 우리에게 친히 본을 보여 주게 하신 주의 자비가 얼마나 놀라운지요! 내가 예수님처럼 될 때까지 그분의 거룩하신 삶을 늘 마음속에 새기길 원합니다. 신적인 생명이 내 영혼에 가득하기까지, 내 속에 그리스도의 형상이 이루어지기까지 부단히 그분을 좇게 하소서. 아멘.

1. 참된 기독교

True Christianity

1. 참된 기독교

사랑하는 친구에게,

우리의 우정이 깊은 만큼 나는 너에게 필요한 것을 제공하기 위해 최선을 다할 생각이다. 그렇게 하는 것을 부담스러워할 필요는 없다. 너에게 가장 절실히 요구되는 것은 영적인 것이며, 다른 이들의 영적 성장을 돕는 것이 내 일생의 소명이므로 너를 위한 사역은 내게 큰 기쁨을 준다.

나의 도움보다 훨씬 더 낫고 유용한 도움을 다른 데에서 얻을 수 있을 것이라고 믿는다. 내가 말하려는 것은 아마도 자네가 이미 알고 있는 것이라고 생각한다. 다만 친구의 편지이니 읽어 보길 바란다. 하나님께서 내 생각을 이끄셔서 너에게 유익한 글을 쓸 수 있게 하시길 기도한다.

먼저 그리스도인이 무엇인지에 대한 개념부터 함께 생각해 보길 원한다. 너는 이 진리들에 대해 이미 알고 있겠지만, 기초를 다지는 의미에서 그 개념부터 시작하고 싶은 것이다.이하 내용도 모두 친구에게 보내는 편지형태로 기록된 것이지만, 편의상 편지식의 어투를 살리지 않았음을 밝힌다-역자주.

1. 기독교에 관한 그릇된 개념들

그리스도인임을 자칭하는 많은 사람이 그 뜻을 제대로 알지 못하고 있다는 사실을 생각하면 마음이 서글퍼진다. 어떤 이들은 특정 교회의 신조들을 받아들이기 때문에 자신을 그리스도인으로 여긴다. 하지만 그들이 지닌 유일한 증거는 자신이 특정 교회나 교파에 소속되었다는 것이다.

또 어떤 이들은 자신의 선행 때문에 자신을 그리스도인으로 여긴다. 그들은 이웃과 더불어 화목하게 지내고, 과음이나 과식을 하지 않고, 교회에 다니고, 기도하고, 이따금 가난한 사람을 돕기 때문에 하나님을 흡족하게 해 드리고 있다고 생각한다.

그런가 하면 정서적으로 깊은 종교체험을 했기 때문에 자신을 그리스도인으로 여기는 이들도 있다. 그들은 항상 열정적인 기도를 시도하며, 천국에 대한 묵상을 통해 감정적으로 깊은 체험을 하길 원한다. 그들은 자신의 감정상태 때문에 그리스도께서 받아 주실 것이라고 생각한다. 그들은 그리스도를 깊이 사랑한다는 증거가 자신의 감정상태에서 분명히 드러난다고 믿는다. 그들로서는 구원을 뒷받침하는 유일한 증거가 자신이 구원받았다는 느낌이다.

진리를 알고, 선한 일을 하며, 감정적인 체험을 하는 것이 그리스도인의 삶의 일부이긴 하지만, 구원 그 자체로 오인되어서는 안 된다. 기껏해야 이들은 그리스도인의 삶의 열매들일 뿐 그 뿌리는 아니다.

참된 기독교의 모조품들이 많다. 심지어 죄악된 태도나 행위들을 참된 기독교의 표시인 양 곡해할 수도 있다. 나는 이교도의 우상숭배를 말하는 것이 아니다. 그것은 명백히 기독교답지 않다. 내가 말하고자 하는 것은 그리스도인으로서 합당한 삶을 살지 않으면서 자신을 그리스도인으로 여기는 사람들에 대해서이다.

그들은 자신의 죄와 악한 마음을 좋은 것인 양 여긴다. 자신의 신랄한 말과 교만이 그리스도인의 진지함을 나타내는 증거인 듯이 행동한다. 자신의 격렬한 분노와 쓰디쓴 악감정이 진정으로 거룩한 열심인 것처럼 여긴다. 더욱이 지도적 권위를 지닌 자들을 대항하는 것을 그리스도인의 용기와 결단력의 표현이라고 믿는다.

2. 기독교란

참된 기독교는 앞에서 묘사한 것과는 전혀 다르다. 그리스도를 실제로 아는 자들은 참된 신앙의 모조품들을 모조리 버린다. 참된 기독교는 인간의 영혼과 하나님의 생명이 결합하는 것이다. 하나님의 생명을 실제로 공유하는 것이다. 기독교는 하나님의 형상을 사람의 영혼에 새기는 것이다. 사도 바울이 말했듯이 그것은 "너희 안에 계신 그리스도"이시다.골 1:27.

내가 아는 바 참된 기독교의 특성을 묘사하는 가장 적합한 두 단어는 '신적인 생명' divine life이다. 이들 두 단어는 참된 기독교에 관해 내가 묘사하려는 내용의 기초에 해당한다. 먼저 나는 그것을 '생명'으로 묘사하는 이유를 설명할 것이다. 그 다음으로 '신적인'이라는 표현이 사용된 이유를 설명할 것이다.

참된 기독교는 영원한 생명이다

내가 기독교를 무엇보다도 '생명'으로 묘사한 것은 그것이 지속적이기 때문이다. 설령 어떤 사람이 감정적인 체험을 하고 선한 일을 한다 할지라도 그것이 지속되지 않는다면, 그것은 참된 기독교라고 부를 수 없다.

대부분의 사람은 자신의 영혼을 구원하기 위해 선행을 해야 한다고 생각한다. 이런 신념을 가진 사람들은 대개 자신의 삶을 급속히 바꾼다. 그러나 이내 지치고 포기하게 된다. 열정적으로 시작하지만 그 열심은 이내 식는다. 선한 일을 하고 성장하는 듯이 보이지만 마치 뿌리

없는 식물처럼 급속히 시든다.

이처럼 갑작스러운 종교적 흥분은 마치 목 잘린 닭의 모습과 같다. 그것은 이리저리 뛰어다니지만 생명이 없기 때문에 곧 쓰러진다. 반대로 참된 그리스도인의 행동은 신실하며 지속적이다. 왜냐하면 그것은 하나님의 영원한 생명에서 비롯되기 때문이다.

인간의 영혼 안에 있는 하나님의 생명이 그 힘과 능력에서 항상 일정한 것은 아니다. 그리스도인들은 영적 침체를 경험하거나 시험에 직면하여 고투를 벌이기도 한다. 그들은 항상 하나님께 즐거이 순종할 준비를 갖추고 있는 것은 아니다. 하지만 영적으로 침체된 때에도 하나님의 생명은 결코 꺼지지 않으며, 그리스도인들은 세상을 사랑하는 마음에 결코 속박되지 않는다.

참된 기독교는 마음속에 있는 생명이다

기독교를 '생명'이라는 말로 묘사할 수 있는 또 다른 이유는 그것이 마음속에 거하는 내적 능력이기 때문이다. 그리스도인의 사역은 영혼 속에 거하는 하나님의 능력으로 말미암는다. 그 사역은 자신의 외부에 있는 그 무엇에 의해 강요되는 것이 아니다. 그리스도인이 그리스도를 위해 사는 것은 징벌의 위협이나 어떤 약속에 매료되어서가 아니다. 그들은 선한 일을 하고 또 그렇게 해서 기쁨을 얻으려는 내적 열망을 지니고 있다.

진정으로 영적인 사람은 명령 때문에 하나님과 선을 사랑하는 것이 아니다. 그가 하나님을 사랑하는 것은 자신의 영혼 속에 새 생명을 지니고 있기 때문이다.

이 새 생명이 사랑하도록 가르친다. 그리스도인은 강요로 기도하는 것이 아니다. 하나님의 진노를 피하기 위해 성경을 읽는 것이 아니다. 양심의 가책을 가라앉히기 위해 하나님께 예배드리는 것이 아니다. 이 모든 일을 하는 것은 새 생명을 얻은 자로서 하나님과의 친교를 통해 기쁨을 발견하기 때문이다.

영적인 사람이 기도하고 회개하는 것은 단지 그렇게 하도록 지시받았기 때문이 아니다. 자신이 원해서 그렇게 하는 것이다. 그는 하나님의 은혜를 경험하였고, 죄악된 삶에서 비롯되는 문제와 곤궁함을 알고 있다.

그는 관대해지도록 강요받은 것이 아니다. 그의 자선행위는 억지로 강요되는 것이 아니라 하나님을 향한 사랑이 기꺼이 베풀고 싶은 마음을 갖게 하는 것이다. 베풀어야 할 의무가 없을 때에도 그의 심령은 "고명한 일"을 모색할 것이다 사 32:8.

자제력 결여나 부정행위 또는 다른 어떤 악행들은 예수 그리스도 안에 있는 새 생명의 특성에 위배된다. 가장 친절한 사람이 불친절하지 않고 가장 겸손한 사람이 무례하지 않듯이, 이 죄악들은 그리스도인의 특성과 거리가 멀다.

사도 요한은 이렇게 말했다. "하나님께로서 난 자마다 죄를 짓지 아니하나니 이는 하나님의 씨가 그의 속에 거함이요 저도 범죄치 못하는 것은 하나님께로서 났음이라" 요일 3:9.

경건한 그리스도인은 하나님의 율법을 무시하지 않는다. 그것을 몹시 존중한다. 하지만 그들을 움직이는 것은 징벌의 위협이 아니다. 그들이 순종하는 까닭은 율법이 얼마나 순수하고 선하며 이치에 타당한지를 알기 때문이다.

그들은 율법 그 자체가 탁월하고 바람직하다고 생각하며, 그것을 지키면 큰 상급을 얻는다는 것을 알고 있다. 하나님의 사랑이 그들을 스스로에게 율법이 되게 하는 것이다.

사랑으로 행하는 자들에게 누가 율법을 명하겠는가?
사랑은 그들을 움직이는 보다 강력한 율법이다.

예수님께서 자신에 대해 하신 말씀은 제자들에게도 적용된다. "아버지의 뜻을 행하는 것이 그들의 양식이요 음료"이다 요 4:34 참조. 식욕은 자연스러운 현상일 뿐이다. 음식이 우리의 몸을 어떻게 유지시켜 줄지에 대해 생각하지 않아도 우리는 먹고 싶다는 욕구를 갖게 된다. 마찬가지로 참된 그리스도인은 선하고 옳은 것을 사모하는 자연스러운 욕구를 지니고 있다.

외부적인 것들은 우리가 영적인 삶을 원하도록 도와줄 수도 있다. 영적으로 미숙하거나 연약할 때 특히 그렇다. 영적으로 미숙한 사람은 두려움이나 난관에 의해 강요받지 않으면 성장하지 못할 수도 있다.

그가 성숙해지기 위해서는 권위나 율법 또는 다른 사람들의 영향이 필요할 수도 있다. 만일 미숙한 그리스도인이 신실하고 일관되게 순종한다면, 그는 성숙한 모습으로 자라 갈 것이다. 만일 그가 영적 연약성을 미워하고 열정과 열심을 가지고 진정으로 하나님을 섬기길 원한다면, 하나님께서는 연약하여 비틀거리는 그들의 걸음마저 존중해 주실 것이다.

반면에 이 같은 생명을 경험하지 못하고 바라지도 않는 자를 그리스도인이라고 부를 수 없다. 단지 교육, 전통, 지옥에 대한 두려움 또는 현세적인 천국 개념 때문에 '영적으로' 행동하는 사람도 그리스도인이라고 부를 수 없다. 이는 꼭두각시를 사람이라고 지칭할 수 없음과 같다.

강요되고 가식적인 기독교는 생기가 없고 무감각하다. 억지로 그리스도인의 삶을 사는 자는 마치 무거운 짐을 머리 위로 들어 올리는 것과 같다. 그들의 신앙은 냉담하고 활기가 없다. 그들은 마치 사랑하지 않는 남자와 결혼했지만 의무감 때문에 자신의 역할을 수행하는 여자와 같다.

명목상의 기독교는 인색하고 이기적이다. 자연적 욕구에 반하는 일을 만나면 명목상의 그리스도인들은 거부한다. 하나님의 생명이 없는 이들은 자신에게 꼭 필요한 것만을 한다. 그들은 율법에 의해 동기 부여를 받기 때문에 율법이 요구하는 것만을 한다. 게다가 자신이 원하는 것을 가장 많이 할 수 있게 하는 방식으로 율법을 해석한다.

참된 그리스도인은 아낌없이 남을 돕는다. 참된 기독교는 편협하고, 형식적이며, 계산적인 마음과는 아무런 상관이 없다. 자신을 온전히 그리스도께 맡긴 사람은 그분을 위해 아무리 헌신해도 부족하다고 생각할 것이다.

참된 기독교는 신적인 생명이다

이제 나는 기독교를 '생명'으로 정의한 의도가 분명히 이해되었기를 바란다. 또한 기독교를 강요되거나 외적인 원인에 의존하는 영성으로부터 구분하는 것이 왜 그토록 중요한지도 분명히 이해되었기를 바란다.

다음으로는 기독교를 '신적인 생명'으로 묘사한 이유를 설명하려 한다. 그 이유는 단지 하나님께서 이 생명의 근원이시기 때문만은 아니다. 물론 이 생명의 주인은 하나님이시다. 사람들은 성령의 권능에 의해 거듭난다. 하지만 이것을 '신적인 생명'이라 부르는 것은 그 생명의 특성 때문이기도 하다.

참된 그리스도인은 하나님의 성품을 반영한다. 기독교는 인간의 영혼 속에 비춰는 하나님의 영광이다. 그것은 그분의 성품을 실제적으로 나누는 것이다. 하나님의 영원하신 빛이라고 하는 태양으로부터 나오는 한 줄기 광선이다. 사람의 영혼 속에 있는 그분의 무한하신 선이라고 하는 바다로부터 나오는 한 방울의 물이다.

진정한 그리스도인의 "영혼 속에는 하나님께서 거하시며"요일 4:12 참조, 그 속에 "그리스도의 형상"이 이루어진다갈 4:19 참조.

3. 자연적인 생명이란

신적인 생명에 관해 보다 상세히 살펴보기 전에 자연적인 생명을 간략히 묘사하려 한다. 내가 이해하는 자연적인 생명은 인간의 본성을 기쁘게 하는 것들을 바라는 갈망을 특징으로 한다. 자연적인 생명의 뿌리는 '자기사랑'이다. 이 자기사랑이 맺는 열매들은 사람들 속에 있는 욕구와 취향들만큼이나 많다. 자연인은 육체적 감각의 지배를 받는다. 그는 믿음으로 사는 것이 아니라 보는 것으로 산다. 무슨 결정을 내릴 때에는 그것이 자신에게 기쁨이나 고통 중 어느 것을 줄지를 먼저 생각하게 된다.

이 자연적 욕구들 자체가 나쁜 것은 아니다. 사실 이들은 창조주의 지혜를 반영한다. 하나님께서는 피조물들에게 자신의 생명을 보존할 수 있는 욕구를 주셨다. 짐승들의 경우에 이 욕구는 피조된 목적을 수행하도록 돕는 법칙의 역할을 한다.

하지만 우리는 사람이란 짐승보다 더 높은 목적을 위해 지음받았다는 것을 기억해야 한다. 따라서 사람은 보다 높은 법칙의 인도를 받아야 하는 것이다. 이러한 이유로 사람이 자연적인 생명의 통제만 받고 보다 높은 피조 목적을 무시할 때는 하나님 앞에 죄를 짓게 되는 것이나 다름 없다.

우리의 자연적 욕구를 철저히 무시하고 억눌러야 한다는 것은 아니다. 다만 그것을 영적인 생명으로써 통제하고 다스려야 한다. 달리 말해서 그리스도인과 비그리스도인의 차이점은 전자가 신적인 생명의 지배를 받는 반면에, 후자는 자연적인 생명의 지배를 받는다는 것에 있다.

자연적인 생명의 특징

자연적인 생명은 매우 다양하게 표출될 수 있다. 종종 사람들은 자신을 다른 사람과 비교하면서 자신이 영적이라고 생각하는 실수를 범한다. 그들이 보지 못하는 것은 그들의 선한 일들과 그들 자신과 비교했던 사람들의 죄악이 같은 뿌리에서 나온다는 사실이다. 참된 기독교로 간주되는 것이 실제로는 자연적 성향의 산물임을 고려하면 이 사실은 더 분명해진다.

어떤 이들은 천성적으로 쾌활하다. 그 결과 종종 다른 이들에게 어리석어 보이는 행동을 한다. 그런가 하면 진지하고 보수적인 사람도 있다. 그들의 행동방식은 어떤 사람의 눈에 매우 영적이며 의로운 듯이 보인다. 어떤 이들은 상스럽고, 거칠며, 신랄하다. 그들은 행복할 수가 없으며, 다른 사람의 행복도 허용하지 않으려 한다.

또 어떤 이들은 자상하고 친절하다. 그들은 친구들과 어울리는 것을 즐긴다. 이들에게는 다른 사람의 호감을 사는 것이 매우 중요하다. 이 같은 사람들은 세상을 훈훈하게 해준다. 왜냐하면 다른 이들을 돕는 일에 관심을 기울이기 때문이다.

훈련과 교육도 고려되어야 한다. 어떤 이들의 행동은 그리스도와의 친교관계와는 아무 상관도 없다. 그들은 양육과정에서 배운 대로 행동할 뿐이다. 어떤 규범을 따르도록 배운 적이 없는 이들도 있다. 그들은 자신에게 즐거움이나 개인의 이득을 주는 것이면 무엇이든 한다. 반면에 어떤 이들은 예의 바르고 덕스럽게 처신하도록 배웠다. 그런 교육 때문에 그릇되거나 비도덕적인 행동을 할 수가 없다.

사람들의 기질은 매우 다양하다. 자연적인 힘이나 연약성, 지성이나 지혜 또는 이들을 잘 활용하느냐 아니면 무시하느냐에 따라 성격은 다양하게 나타난다.

우리는 탐욕, 불법, 잔인성, 불경건 따위가 자기사랑의 결과임을 알고 있다. 이 악한 것들은 그리스도의 다스림이나 자연적인 이성의 통제를 받지 않는 자연적인 생명의 결실이다. 만일 자연인이 상식과 좋은 판단력, 지성을 갖추고 있다면 이 죄악들을 거부할 수도 있다. 심지어 덕스럽고 거룩하게 보일 수도 있다.

만일 그가 죄와 탐욕으로 인해 자신의 건강과 소유와 명성에 미칠 수 있는 해악을 충분히 자각한다면, 자기사랑을 통해 자신의 죄악된 욕구들을 충분히 억제할 수 있다. 또한 다른 이들에게 잘해 주는 것이 자신의 이득과 명성을 지키는 최선의 길임을 자각할 수도 있다.

뿐만 아니라 이 자연인의 삶이 너무나 도덕적이어서 그 선량함이 마치 경건이나 참된 기독교의 모습처럼 보일 수도 있다. 비그리스도인도 신학을 공부하고 싶어할 수 있다. 신학은 다른 어떤 공부와 마찬가지로 자연인에게 기쁨과 만족을 줄 수 있다. 그리고 자연적인 생명은 종교적인 가르침을 유지하고 장려하려는 열심을 생기게 할 수도 있다. 효과적인 대중연설을 그 주제와는 상관없이 즐기는 자연인은 기독교에 관한 설교도 좋아할 수 있다.

어떤 자연인은 기도생활을 하기도 한다. 천국의 아름다움에 관한 얘기를 듣고 그 개념에 빠져들기도 한다. 천국에 대한 묘사를 성경에서 읽고 깊은 매력을 느낀다. 거기에 묘사된 영적 기쁨을 이해하지도 못하면서 천국에서 살고 싶은 마음을 품을 수도 있다. 그는 자신을 위해 그리스도께서 천국의 유익들을 마련하셨다는 말을 듣고 그리스도를 사랑한다고 스스로 확신할 수도 있다. 심지어 그는 비록 지금은 그리스도와 멀리 떨어져 있지만 진정으로 그분을 사랑한다고 스스로 확신할 수도 있다.

요컨대 사람들은 실제로 영적인 생명을 지니고 있지 않으면서도 지닌 것처럼 보일 수 있다. 그들의 선한 일과 다른 이들의 악한 일이 자기 사랑이라고 하는 같은 뿌리에서 나온 것일 수 있다. 그리스도를 배제한 상태에서는 사람들의 선한 일과 악한 일이 같은 근원에서 나온다.

이 자연적인 생명을 숙고하는 것이 중요하다. 그리스도인 역시 살아가면서 이루는 많은 업적이 타고난 재능의 결과임을 이해할 필요가 있다. 지성이나 이성과 더불어 자연적인 생명은 형통함을 경험하도록 도와준다.

나는 이들 자체를 비난하고 싶지는 않다. 다만 형통함을 계속 유지하기 위해서는 그것들의 특성을 숙고해야 한다고 생각할 뿐이다. 그럴 때 우리는 어떤 성공적인 업적으로써 자신을 평가하거나 천국소망을 자신의 인간적인 일에다 두지 않게 된다.

4. 신적인 생명의 특성이 어떻게 드러나는가

이 시점에서 나는 신적인 생명의 특성을 다시 살펴보려고 한다. 이것은 "그리스도와 함께 하나님 안에 감추인 생명"이다골 3:3 참조. 이 생명은 보이지 않으며, 세상은 이것에 대해 별로 관심이 없다. 자연인에게 이 생명은 거의 무가치하며 따분한 주제일 뿐이다. 그가 이렇게 생각하는 것은 자기중심적이며 자신의 죄악된 쾌락을 추구하는 삶을 살기 때문이다.

대조적으로 영적인 사람은 자기중심적인 사랑에 사로잡혀 있지 않다. 신적인 생명이 자연적 욕구를 지배하여 그릇된 것들에 속박되지 않도록 막아 준다.

신적인 생명은 믿음을 뿌리로 삼은 나무와 같다. 이 나무는 하나님을 향한 사랑과 사람을 향한 자애로움과 개인적인 정결, 겸손 등의 열매들을 맺는다. 어느 현자가 말했듯이 비록 이것들은 다들 지겨울 정도로 얘기하는 평범한 주제들이지만, 사람이든 천사든 이보다 더 중요한 얘기를 할 수는 없을 것이다.

신적인 생명의 뿌리는 믿음이며, 그 주요열매들은 하나님을 향한 사랑, 사람에 대한 사랑, 정결, 겸손이다. 믿음과 영적 삶의 관계는 감각과 육체적 삶의 관계와 같다. 믿음은 영적 실재들을 감지하도록 도와준다. 믿음을 통해 모든 영적 진리를 이해할 수 있다.

타락한 상태 때문에 우리의 믿음은 하나님과 사람간의 유일한 중보자이신 그리스도를 통하여 죄인들에게 자비와 구속을 베푸시는 하나님의 약속을 굳게 붙든다. 참된 믿음은 그리스도를 믿는 것이다. 따라서 그것은 '예수 그리스도 안에 있는 믿음'이라 부른다.

신적인 생명의 첫 번째 열매는 '하나님을 향한 사랑'이다. 이 사랑은 하나님의 영광을 기뻐하고 즐거워하게 한다. 하나님께 온전히 복종하며 헌신하는 마음을 조성한다. 진정으로 하나님을 사랑하는 사람의 최고 복표는 그분을 기쁘시게 하는 것이다. 이 사랑을 지닌 사람은 하나님의 영광을 위해서라면 어떤 고통도 기꺼이 감수한다. 하나님을 사랑하는 사람에게 그분과의 친교보다 더 중요한 것은 없다.

어떤 사람이 처음 그리스도인이 될 때, 그가 하나님을 사랑하는 것은 단지 그분으로부터 받은 은혜 때문일 수 있다. 그러나 조만간 하나님을 향한 사랑이 자라고 성숙해지며 더 높은 동기를 갖추게 된다. 마침내 그는 하나님께서는 선하고 위대하시며 사랑받을 만한 분이시기 때문에 그분을 사랑하게 된다.

두 번째 열매는 '동료 인간들을 향한 사랑'이다. 하나님의 사랑에 사로잡힌 사람은 모든 사람을 무조건적으로 사랑하게 될 것이다. 그렇게 하는 것이 옳은 이유는 모든 사람이 하나님의 형상을 따라 지음받았기 때문이다.

이웃 사랑이라는 열매를 통해 사람들은 다른 이들을 어떻게 대해야 하는지를 배우게 된다. 다른 이들을 진정으로 사랑하는 사람은 그들의 행복에 깊은 관심을 가질 것이다. 다른 이들이 상처를 받거나 누명을 쓸 때, 마치 자신이 그런 일을 당한 것처럼 발벗고 나설 것이다.

'정결'은 신적인 생명의 세 번째 열매이다. 이것은 죄를 미워하고 거부하는 심령으로 정의될 수 있다. 이 심령은 죄로 말미암는 쾌락을 거부한다. 정결한 마음을 가진 사람은 죄악되지 않은 것들마저 거부하는 경우도 있다.

의에 대한 욕구를 가라앉히거나 하나님의 일을 추구하는 기쁨을 감소시키는 것이 생각나면 그것을 기피한다. 또한 정결한 마음을 바라는 사람은 하나님께 신실하기 위해서라면 곤경마저 꿋꿋이 견딜 것이다. 이것이 사실이라면 정결이란 자제심과 도덕성을 보이는 데 그치는 것이 아니라 용기와 희생을 발휘하는 것도 뜻한다.

신적인 생명의 네 번째 열매는 '겸손'이다. 겸손은 우리의 눈을 열어 무가치한 죄인인 자신의 실상을 보게 한다. 진정으로 겸손한 사람은 하나님 앞에서 낮아져 자신의 모든 소유와 존재가 하나님으로부터 받은 은혜로운 선물임을 고백한다. 겸손은 항상 하나님의 뜻에 철저히 순종하게 한다. 참된 겸손은 세상의 찬사나 사람들의 칭찬에 연연하지 않도록 우리를 지켜 준다.

믿음, 사랑, 정결, 겸손은 사람이나 천사들이 지닐 수 있는 최고의 특성들이다. 이 같은 영적 열매들을 지닌 사람의 영혼 속에는 하나님의 성품이 자리잡을 기초가 놓인 셈이다. 이 사람은 자신의 영원한 운명을 알기 위해 굳이 하나님의 은밀한 뜻을 캐묻거나 천국의 책들을 뒤적일 필요가 없다. 그 대신 자신과 관련한 하나님의 생각을 자신의 심령 속에서 발견한다.

그의 마음속에 자리잡은 하나님을 향한 사랑은 자신과 하나님과의 관계를 확신시켜 줄 것이다. 하나님의 뜻에 복종하며 그리스도를 닮은 성품으로 변화되면서 체험하는 기쁨은 참된 삶을 나타내는 확실한 표시이기도 하다. 그것은 그의 기쁨이 온전해지고 영원히 지속될 것임을 증거한다.

혹자는 이렇게 말했다. "나는 내 이름이 생명책에 기록되어 있음을 환상으로 보거나 천사를 통해 듣기보다는 차라리 하나님의 성품이 내 영혼 속에 자리잡고 있음을 나타내는 실제적인 증거를 보고 싶다."

5. 그리스도의 삶이 하나님의 생명을 드러낸다

새 성품과 신적인 생명의 신비를 우리가 말로써 온전히 설명할 수는 없다. 말로써 이들을 아무리 묘사해도 충분하지가 않다. 영적인 것들을 누리며 또한 그리스도 안에 있는 하나님의 진리를 볼 수 있는 심령을 지닌 자들만이 그리스도 안에 있는 새 생명을 충분히 이해할 수 있다. "사람의 속에는 심령이 있고 전능자의 기운이 사람에게 총명을 주시나니"욥 32:8.

기독교의 생명과 능력은 말보다는 행동 속에서 보다 분명히 드러난다. 행동은 말보다 더 강력하며, 내적인 생명을 보다 정확하게 증거한다. 이 때문에 영적인 열매들을 이해하는 가장 좋은 방법은 진정으로 영적인 사람들의 행동을 살펴보는 것이다. 그리고 우리 속에 이 열매들이 있는지를 알아내기 위한 최선책은 자신을 주님의 완벽하신 본보기와 비교해 보는 것이다.

성육신 기간 중에 예수님께서 지니셨던 목표들 중 하나는 다른 이들에게서 기대하시는 것을 자신의 삶을 통해 가르치시는 것이었다. 그분의 삶은 다른 이들에게 요구하시는 삶의 완벽한 본보기였다. 참된 선은 오직 그분의 삶을 통해서만 드러났다.

그리스도의 하나님 사랑

그리스도의 마음은 천부를 향한 진실하고 깊은 사랑으로 늘 불탔다. 아버지의 뜻에 복종함으로써 그 사랑을 표현하셨다. 그리스도께 있어 하나님의 뜻을 행하며 자신의 사역을 완료하는 것은 마치 양식과 같았다. 예수님께서는 성인으로서 하나님 아버지께 순종하셨을 뿐만 아니라, 어릴 적에도 아버지의 뜻을 행하는 데 열중하셨다. 지상 생애 동안에 예수님께서는 아버지의 뜻을 행하기 위해서라면 어떤 힘든 여행이나 시련도 기꺼이 감수하시며, 하나님의 뜻을 행하는 데에서 큰 만족을 얻으셨다.

한번은 예수님께서 긴 여행 길에 지쳐 우물가에서 쉬셨다. 거기서 예수님께서는 한 사마리아 여인에게 물을 좀 달라고 하셨다. 그들의 대화는 하나님 나라에 관한 논의로 이어졌다. 영적인 일들에 관한 대화는 예수님께 너무나 큰 기쁨과 힘과 생기를 주었던 까닭에, 그는 자신의 갈증마저 잊었다. 심지어 제자들이 동네에서 가져온 양식을 잡수실 생각마저 없었다 요 4:4-34.

예수님께서는 하나님의 뜻을 기뻐하셨을 뿐만 아니라, 고난을 무릅써야 하는 상황에서도 그 뜻에 기꺼이 복종하셨다. 예수님께서는 사람에게 가해질 수 있는 가장 혹독한 시련과 고통을 참으셨다. 그럴 때에도 결코 불평하거나 불만을 갖지 않으셨다.

예수님께서는 얼마나 큰 고통이 기다리고 있는지 충분히 아는 상태에서 십자가로 나아가셨다. 하지만 광신자나 숙명론자의 모습으로 나아가신 것은 아니다. 그는 여느 사람처럼 큰 고통을 느끼셨다. 겟세마네에서 흘리신 땀과 겪으신 슬픔은 십자가 고통이 얼마나 혹독할지 그리스도께서 다 알고 계셨음을 보여 준다. 이 모든 사실에도 불구하고 온전히 복종하는 마음으로 십자가 고난을 맞으셨다.

예수님께서 "내 아버지여 만일 할 만하시거든 이 잔을 내게서 지나가게 하옵소서"마 26:39라고 기도하신 것은 사실이다. 하지만 "나의 원대로 마옵시고 아버지의 원대로 하옵소서"라고도 기도하셨다. 이와 관련해 요한복음 12:27-28에 수록된 주님의 말씀이 의미심장하다.

이 구절에서 우리는 처음으로 예수님의 영적 고뇌를 엿볼 수 있다. 그는 "지금 내 마음이 민망하니"라고 말씀하셨다. 이는 십자가를 지연시키거나 피하시고 싶었음을 암시하는 것 같다. 또한 그는 "아버지여 나를 구원하여 이때를 면하게 하여 주옵소서"라고도 기도하셨다. 이것은 구원을 구하는 기도였다. 하지만 예수님께서는 이렇게 간청하자마자 곧바로 철회하셨다.

"그러나 내가 이를 위하여 이때에 왔나이다" 그리고 "아버지여 아버지의 이름을 영광스럽게 하옵소서"라는 기도 속에 그리스도의 참된 의도가 드러나 있다. 그는 하나님의 영광을 위해서라면 고난도 기꺼이 감수하셨다.

이 기도들을 예수님께서 흔들리거나 나약해지셨음을 나타내는 증거로 여기지 말라. 그는 자신을 기다리고 있는 고난을 잘 알고 계셨지만 그 모든 것을 담대히 받아들이셨다. 이 기도들은 예수님께서 감내하셔야 했던 압박감이 엄청났음을 보여 준다. 그 고통은 너무나 끔찍해서 생각만 해도 공포에 사로잡힐 만했다. 그러나 예수님께서는 하나님께 영광을 돌리기 위해 고통을 기꺼이 받아들이셨다.

아버지를 향하신 그리스도의 깊은 사랑을 보여 주는 또 다른 증거는 기도를 즐겨 하셨다는 점이다. 종종 그는 혼자 물러나서 밤새도록 기도하는 것을 즐기셨다. 자백할 죄가 없고 간구할 물질적 필요사항도 거의 없었음에도 불구하고 그렇게 기도하셨다. 안타깝게도 우리는 이 같은 간구내용들이 있을 때에만 그나마 기도한다.

예수님의 삶 전체가 기도였다고도 말할 수 있다. 왜냐하면 그는 하나님과 더불어 지속적으로 교류하셨기 때문이다. 따로 시간을 내어 기도의 제사를 드리지 않을 때에도 항상 제단에 불을 지펴 두셨다. 우리는 기도하기 위해 영적 무감각이나 냉담함과 먼저 싸워야 하지만, 예수님께서는 그런 상태에 결코 사로잡히지 않으셨다.

그리스도의 인간 사랑

나는 사람들을 향한 그리스도의 사랑을 여기서 모두 소개하고 싶다. 하지만 그렇게 할 수가 없다. 그러자면 그분의 생애 전부와 그것에 대한 설명을 다 언급해야 하기 때문이다. 예수님의 모든 언행은 다른 누군가의 유익을 위한 것이었다. 그의 이적들은 자신의 능력은 물론이고,

사람들을 향한 따뜻한 사랑을 보여 주신 것이기도 했다.

예수님의 사랑은 동료 유대인들이나 가족 또는 친구들만을 위한 것이 아니었다. 그분의 말씀에 순종하는 모든 사람들이 한 가족처럼 사랑을 받았다. "누구든지 하늘에 계신 내 아버지의 뜻대로 하는 자가 내 형제요 자매요 모친이니라" 마 12:50고 말씀하신 것도 바로 이것 때문이다.

신실한 동기로써 예수님께 나아간 사람은 누구나 환영받았다. 그는 간구하는 자들을 결코 외면하지 않으셨다. 젊은 부자 관원 외에는 슬픈 기색으로 예수님을 떠나간 사람이 없었다. 그 관원이 슬펐던 것은 자신의 영혼과 돈을 동시에 지킬 수 없었기 때문이다.

그 상황에서도 예수님께서는 사랑을 나타내셨다. 영생을 제시받고도 그것을 받아들일 마음이 없었던 그 젊은이로 인해 예수님께서는 마음이 아프셨다. 젊은이는 나름대로 열린 마음으로 영생에 관해 여쭈었고, 그 점이 예수님의 마음을 끌었다. 왜냐하면 "예수께서 그를 보시고 사랑하사" 막 10:21라고 기록되어 있기 때문이다.

예수님께서는 비록 그를 사랑하셨지만 천국에 이르는 새로운 길을 알려 주려 하지는 않으셨다. 탐욕스러운 마음을 가지면 행복해질 수 없다는 하나님의 원칙을 예수님께서 깨트리실 수는 없었다.

입맞춤으로 배신하는 유다에게 보여 주신 예수님의 사랑을 내가 어떻게 묘사할 수 있겠는가? 대적들을 위해 목숨을 버리신 것 외에 그의 뜨겁고도 무한하신 사랑을 입증하려면 더 필요한 것은 무엇이겠는가?

피를 흘리시는 동안에도 대적들을 위해 기도하셨다. 자신의 죽음을 그들 탓으로 돌리지 마시기를 아버지께 간청하셨다. 또한 자신의 죽음이 자신을 십자가에 못박았던 자들을 위한 영생의 길을 열어 주기를 기도하셨다.

그리스도의 정결

앞에서도 말했듯이 신적인 생명의 세 번째 열매는 '정결'이다. 정결은 이 세상의 쾌락을 거부할 것을 요구한다. 정결을 위해서는 인내해야 한다. 왜냐하면 시험들이 기다리고 있기 때문이다. 이 세상의 쾌락에 전혀 얽매이지 않은 이는 예수님뿐이시다. 가끔 예수님도 세상의 쾌락을 즐기기도 하셨지만 그것을 추구하기 위해 정도를 이탈한 적은 한 번도 없으셨다.

예수님께서는 결혼생활을 즐길 자유를 사람들에게 허용하셨다. 결혼식에 참석함으로써 결혼제도를 인정한다는 것을 보이셨다. 그러나 자신은 독신으로 사셨다. 어떤 결혼식에서 예수님께서는 동난 포도주를 채우는 이적을 행하셨다. 하지만 정작 자신이 광야에서 굶주릴 때는 기적을 일으키려 하지 않으셨다.

예수님께서는 다른 이들에게 정당한 쾌락을 즐길 기회를 주시는 자애로운 분이셨고, 자신은 엄격히 절제하는 경건한 분이셨다. 그는 사람들의 보다 심각한 필요사항들은 물론이고, 덜 중요한 것들도 기꺼이 제공하셨다. 성경은 예수님의 고난과 고통을 여러 차례 언급하지만, 그분의 웃음에 대해서는 전혀 언급하지 않는다. 이사야가 예언했듯이 그분은 "간고艱苦를 많이 겪었으며 질고를 아는" 분이셨다 사 53:3.

그리스도께서 당하신 시련과 고통은 모두 스스로 택하신 것이었다. 세상에서 그분보다 더 높은 지위에 오를 능력을 지닌 사람은 아무도 없었다. 이적적으로 물고기를 그물에 가득 걸리게 하며, 물고기 입에서 납세용 동전을 취하셨던 예수님께서는 세상에서 가장 부유한 사람이 되실 수도 있었다.

그분의 능력은 너무나 막강해서 시저의 군대를 충분히 물리칠 정도로 많은 군대를 간단하게 소집할 수도 있었다. 그분의 이적들은 그 크신 능력을 분명히 드러냈다.

하지만 예수님께서는 자신에게 이 세상 것들이 상대적으로 그다지 중요하지 않음을 분명히 하셨다. 그분은 너무나 겸손하셔서 "여우도 굴이 있고 공중의 새도 거처가 있으되 오직 인자는 머리 둘 곳이 없다" 마 8:20라고 말씀하실 수 있었다.

예수님께서는 부자나 권세자들과 함께 지내지 않으셨다. 그분은 목수의 아들로 알려지셨고, 어부들과 가난한 자들을 친구로 삼으셨다.

그리스도의 겸손

이제 신적인 생명의 마지막 열매인 '그리스도의 겸손'에 대해 살펴

보길 원한다. 예수님께서는 가장 위대한 겸손의 본보기셨다. 그를 통해 우리는 "마음이 온유하고 겸손"해지는 법을 배운다마 11:29. 여기서 나는 영원하신 하나님의 아들께서 인간이 되신 겸손함에 대해 말하려는 것은 아니다빌 2:5-11 참조. 다만 이 세상에 계시는 동안 보여 주신 겸손에 대해서만 언급하려 한다.

우리 같은 죄인이 겸손해야 하는 것은 당연하다. 하지만 그리스도의 겸손은 죄로 인한 것이 아니었다. 아버지의 무한한 영광을 드러내는 데에만 관심이 있었기에 인성을 입으신 그는 하나님의 종에 불과하셨다. 자신의 삶을 통해 비추는 하나님의 영광이 자신의 것이 아니라 하나님으로부터 주어진 선물이라고 말씀하셨다요 17:22 참조. 그는 이 영광이 자신에게서 비롯된 것이라고 주장하지 않으셨다.

젊은 부자 관원이 예수님을 '선한 선생님'이라고 불렀을 때 예수님께서는 그 인사를 거부하셨다. 그 젊은이는 그리스도의 신성에 대해 무지했다. 예수님께서는 "네가 어찌하여 나를 선하다 일컫느냐 하나님 한 분 외에는 선한 이가 없느니라"고 말씀하셨다눅 18:19. 그 젊은이는 예수님을 단지 한 사람으로만 여겼다. 그의 무지를 염두에 두고서 예수님께서는 오직 하나님만이 선하시므로 사람에게 그런 찬사를 돌려서는 안 된다는 사실을 분명히 밝히셨다.

예수님께서는 쇼나 공개적인 과시를 목적으로 이적을 사용하신 적이 없었다. 하늘에서 오는 표적으로 유대인들의 호기심을 만족시키려 하지 않으셨다. 사람들의 관심을 끄는 방식으로 이적을 행하길 원하는 자들의 말에 귀기울이려 하지 않으셨다. 사랑하는 마음에서 누군가를 치유하셨을 때에도 그 치유사실을 다른 이들에게 알리지 말라고 겸손히 당부하셨다.

때로는 일부러 공개적으로 이적을 행하시기도 했다. 하나님의 뜻을 이루며 하나님께 영광을 돌리기 위해서만 그렇게 하셨다. 하지만 예수님께서는 누구에게나 "아들이……아무것도 스스로 할 수 없나니"요 5:19 라고 말씀하심으로써 항상 모든 영예를 아버지께 돌리셨다.

여기서 예수님의 겸손 사례들을 모두 언급하는 것은 불가능하다. 다만 그분을 왕으로 삼으려 했던 무리를 피하셨던 일요 6:15, 어릴 적에 마리아와 요셉에게 순종하셨던 일눅 2:51, 대적들로부터 가해지는 온갖 시련들을 기꺼이 감내하신 일마 27:26-31 참조 등을 언급하는 것으로 족할 것이다.

그분의 거룩하신 생애는 이런 사례들로 가득하다. 겸손이나 신적인 생명의 다른 열매들을 배울 수 있는 최선의 방법은 그분의 삶을 부지런히 공부하는 것이다.

여기서 나는 기도를 하나 제시하려 한다. 기독교에 관한 개념들을 오해했지만 이제 진리를 올바로 보기 시작한 사람들에게 이 기도가 도움이 되길 바란다.

P · R · A · Y · E · R

그리스도를 닮기 위한 기도

하나님 아버지, 하나님께서는 무한하고 장엄하십니다. 하나님께서는 모든 생명의 창조자이시며, 모든 기쁨의 근원이십니다. 우리 죄인들은 하나님에 대해 그리고 하나님을 기쁘시게 하는 법에 대해 너무나 무지합니다. 우리가 기독교에 대해 말하며 그리스도인임을 자처하지만, 그 뜻을 진정으로 아는 이들은 너무나 극소수입니다.

우리는 옛 성품의 욕구들과 자기사랑으로부터 행하는 일들을 영적 삶으로 쉽게 착각합니다. 오직 주의 은혜로 우리는 하나님의 마음에 합할 수 있습니다. 나는 너무나 오래도록 거룩성의 공허한 그림자와 믿음의 그릇된 관념들 속에서 방황했습니다.

내 눈을 열어 내가 어떤 존재여야 하는지를 알게 해주신 사랑의 주님을 찬양합니다. 주께서 내 심령을 변화시킬 수 있는 능력을 지니셨다는 것은 나의 기쁨입니다. 주께서 구원하기로 택하신 자들을 의롭게 하신 사실을 나는 즐거워합니다.

그리스도를 보내셔서 그 삶을 통해 우리에게 친히 본을 보여 주게 하신 주의 자비가 얼마나 놀라운지요! 내가 예수님처럼 될 때까지 그분의 거룩하신 삶을 늘 마음속에 새기길 원합니다. 신적인 생명이 내 영혼에 가득하기까지, 내 속에 그리스도의 형상이 이루어지기까지 부단히 그분을 좇게 하소서. 아멘.

그리스도를 보내셔서 그 삶을 통해 우리에게 친히 본을 보여 주게 하신 주의 자비가 얼마나 놀라운지요! 내가 예수님처럼 될 때까지 그분의 거룩하신 삶을 늘 마음속에 새기길 원합니다. 신적인 생명이 내 영혼에 가득하기까지, 내 속에 그리스도의 형상이 이루어지기까지 부단히 그분을 좇게 하소서. 아멘.

2. 풍성한 생명의 탁월성

The excellence of abundant life

2. 풍성한 생명의 탁월성

기독교의 참된 특성을 배운 지금 우리가 할 수 있는 최선책은 그 탁월성과 유익을 숙고하는 것이다. 그리스도인의 삶이 얼마나 위대한지 발견한 사람은 부지런히 그것을 추구하기 마련이다. 말로써는 그리스도인의 삶의 기쁨이 얼마나 큰지 제대로 묘사할 수가 없다. 이 기쁨은 직접 경험해 본 자들만이 이해할 수 있는 것이다. "마음의 즐거움도 타인이 참여하지 못하느니라" 잠 14:10.

거룩성은 하나님의 은혜로 구원받은 영혼의 건강하고 생명력 있는 모습이다. 그리스도와 무관한 사람은 영적으로 나약하며, 하나님의 의도에 걸맞는 역할을 할 수 없다. 그는 기진맥진하고 불안하다. 그러나 그리스도로부터 새 생명을 받을 때 그의 영혼은 새 힘을 얻고, 심령은 평안해진다.

이제 그는 선한 것을 이해할 수 있고, 그것을 향해 매진할 수 있다. 그의 마음은 더 이상 자신의 육체적 감각이나 다른 사람들의 영향에 얽매이지 않는다. 그는 하나님의 성령의 지배를 받으며 보이지 않는 것들에 대한 믿음에 의해 움직인다.

1. 하나님 사랑의 탁월성

신적인 생명의 특별한 측면들 중 하나를 생각해 보자. 그것은 그리스도인들을 하나님과 더불어 묶어 주는 사랑이다. 우리는 사랑이 얼마나 탁월한지 그리고 그것이 가져다 주는 기쁨이 어떠한지 알 필요가 있다. 우리가 사랑하는 것은 삶 가운데에서 가장 중요시하는 것이다. 결국 우리에게 참된 기쁨이 있는지의 여부는 우리가 무엇을 사랑하는가에 달려 있다.

더욱이 영혼의 가치는 우리가 사랑하는 것에 의해 평가된다. 만일 부패하고 사악한 것들을 사랑하면, 우리는 부패하고 사악해진다. 그러나 하나님을 사랑하는 사람은 그 사랑의 대상과 같아질 때까지 영적으로 성장하며 성숙해 간다. 어떤 사람이 사랑하는 그 대상은 늘 그의 마음 속에 자리잡고 있다. 그리고 우리가 생각하는 것은 영혼을 형성하는 힘을 지니고 있다. 우리는 자신이 보는 것을 닮아 간다.

이 원칙은 연인이나 친구들이 사랑하는 사람을 부지불식간에 닮아

간다는 사실을 통해 드러난다. 자신도 모르는 사이에 서로를 닮기 시작한다. 그들은 행동, 말, 몸짓과 의복에서 유사점을 보인다. 우리가 사랑하는 사람의 특성을 모방하는 것은 자연스러운 일이다.

우리가 상대방의 덕성과 거룩성을 본받는 것은 좋은 일이다. 하지만 누구나 좋은 특성과 나쁜 특성을 모두 지니기 때문에 나쁜 성격을 본받을 위험에 늘상 노출되어 있다. 우리가 그릇된 것을 사랑하면 그로 인해 오염되고 부패될 것이다. 사랑은 쉽게 우리 눈을 멀게 할 수 있으며, 그래서 다른 사람들에게는 나쁜 것들을 모방하게 한다.

자신을 개선하기 위한 최선책은 우리의 사랑을 하나님의 온전하심에 고정시키는 것이다. 항상 그분을 바라보아야 한다. 그럼으로써 그분을 닮아 갈 수 있다. "우리가 다 수건을 벗은 얼굴로 거울을 보는 것 같이 주의 영광을 보매 저와 같은 형상으로 화하여 영광으로 영광에 이르니 곧 주의 영으로 말미암음이니라"고후 3:18.

하나님의 아름다우심과 거룩하심에 진지하게 그리고 열정적으로 자신의 시야를 고정시키는 사람은 현저히 다른 사람이 될 것이다. 그의 영혼은 다른 세상 사람들과는 달라질 것이다. 세상적인 것들에는 관심이 없을 것이다. 그는 하나님과 그분의 의를 향한 욕구를 감소시키는 부패하고 비도덕적인 생각을 품지 않을 것이다.

사랑은 우리가 지닌 것들 중 가장 위대한 것이다. 따라서 무가치한 것을 사랑하는 것은 어리석고 그릇된 일이다. 우리가 자신의 영원한 소유로 지칭할 수 있는 것은 사랑뿐이다. 다른 것들은 강탈당할 수 있지만 우리의 사랑을 훔칠 수 있는 사람은 아무도 없다.

사랑한다는 것은 자신의 전부를 주는 것이다. 사랑할 때 우리는 자신의 마음과 의지를 다 바치는데, 사랑의 특성 자체가 주는 것이다. 선물의 가치는 주는 자의 마음에 의해 평가된다. 사랑하는 사람은 상대방에게 자신의 전 존재를 주며, 이 사랑은 사랑받는 자에게 행복을 가져다준다.

사랑의 특성 때문에 하나님께서는 우리가 최고로 사랑해야 할 대상이시다. 분명히 사랑은 우리가 하나님께 드릴 수 있는 가장 큰 선물이다. 그 사랑을 다른 누군가에게 줄 때 그것은 부패하게 된다. 그러나 잘못된 방향으로 향한 사랑이라도 하나님을 향한 사랑의 자리를 대신 차지한다.

종종 사람들은 유명인사들과 얘기할 때 하나님께 사용되어야 할 표현을 오용하며 하나님께 드려야 할 사랑을 다른 누군가에게 나타낸다. 사람들에게 온전한 복종을 표하는 것은 저속한 일이다. 하지만 하나님께 그렇게 하는 것은 고귀한 일이다. 우리의 심령을 하나님께 묶어 주는 사랑의 사슬은 자유보다 훨씬 더 낫고, 사랑으로 하나님께 속박되는 것은 이 세상에서 왕이 되는 것보다 더 고귀하다.

2. 하나님 사랑에 따른 유익들

하나님 사랑은 인생의 영혼을 고양시키며 진정한 행복을 가져다 준다. 사람이 경험할 수 있는 가장 큰 즐거움과 기쁨은 하나님을 사랑하는 기쁨에서 비롯된다.

반면에 사랑을 받지도, 적절한 반응을 보이지도 못하는 누군가를 사랑하면 비통한 기분에 사로잡힌다. 우리 곁에 없는 이들을 사랑해도 마음의 고통을 느낀다. 그런가 하면 사랑의 대상이 고통스러워할 때에도 우리는 고통스럽다. 따라서 다른 사람을 자신처럼 사랑할 때 온갖 종류의 고통스러운 경험들을 각오한다. 그러나 하나님을 향한 사랑에는 이런 문제들이 없다.

하나님께서는 사랑을 받기에 합당하시다

우리가 사랑을 받지도, 되갚지도 못하는 사람을 사랑할 때에는 괴로움과 곤경, 근심에 직면할 것이다. 사랑이란 그처럼 강렬한 열정이므로 그것을 되돌려받지 못한 사람에게 고통을 줄 것이다. 사랑은 그 특성상 무한한 것이기에 우리가 다른 사람들을 사랑할 때에는 그 정도를 제한해야 한다.

사랑의 정도를 한껏 확대할 수 있는 경우는 하나님을 사랑할 때뿐이다. 따라서 우리의 피상적인 아름다움이나 얄팍한 선善으로써 하나님을 향한 열정을 만족시킬 수는 없는 일이다.

어떤 남녀가 사랑에 빠질 때 그들은 경쟁자를 허용하지 않는다. 그들은 다른 누구에게도 마음을 주지 말아야 한다는 것을 알고 있다. 그 때문에 성경은 "사랑은 죽음같이 강하고 투기는 음부같이 잔혹하며"아 8:6라고 설명한다.

그러나 하나님을 향한 사랑은 이 같은 어려움에 직면하지 않는다. 일단 우리의 사랑이 하나님께 고정되면, 그분의 풍성하신 영광과 선하심을 통해 만족하게 된다. 사실 하나님의 크신 사랑에 비하면 우리의 사랑은 너무나도 미약하다.

하나님을 사랑하는 자들은 그분을 더 많이 사랑할 수 없어 죄송스럽다. 그들은 천사들처럼 뜨겁게 사랑하길 원하며, 순전하고 완벽한 열정으로 하나님을 사랑할 수 있는 날을 갈망한다. 스스로는 충분히 사랑할 수 없기 때문에 전체 피조물의 도움을 간절히 바란다. 하나님을 사랑하는 이들은 모든 천사와 사람들이 그분을 찬양하고 사랑하는 일에 협력하길 원한다.

하나님께서는 사랑을 갚아 주신다

자신의 사랑에 대한 보답이 따르지 않을 때 우리는 슬픔을 느낀다. 사랑은 우리가 베풀 수 있는 가장 소중한 것이다. 어떤 의미에서 우리는 사랑하는 자에게 가진 것 전부를 준다. 그러기에 이 큰 선물이 거부당한다는 것은 너무나 고통스러운 일이다. 온 마음을 다한 선물이 상대방의 마음을 사로잡지 못하고 거부당할 때 상처를 받는다.

완전한 사랑은 일종의 자기포기와 자기희생이다. 사랑은 그 사랑의 대상을 위하여 자신과 자신의 이득에 대해 죽을 것을 요구한다. 우리가 어떤 사람을 사랑하려면 그를 기쁘게 하기 위해 자신을 희생해야 한다. 사랑이 이처럼 큰 대가를 요구하는 까닭에 우리의 사랑이 보답되지 않거나 사랑의 대상이 우리에게 아무런 관심도 기울이지 않으면, 크게 낙심하게 된다.

하지만 사랑을 베푸는 사람이 그 사랑에 대한 보답을 받는다면 그는 새 삶을 경험한다. 또한 사랑하는 사람의 삶과 유익을 통해 자신의 삶을 발견한다. 그가 자신의 유익에 대해 생각하기 시작하는 것은 그것이 자신 것이기 때문이 아니라, 사랑하는 이가 자신에게 관심을 기울이기 때문이다. 그가 자신을 소중히 여기는 것은 자신이 사랑하는 이에게 소중한 존재이기 때문이다.

사랑의 행복이 그 보답을 받는 데 달려 있다는 것은 너무나 자명한 사실이다. 따라서 하나님을 사랑하는 자는 엄청난 유익을 얻는다. 하나님의 성품이 사랑이고, 그분의 선하심은 무한하며, 그분의 은총은 우리가 그분을 적대시할 때에도 우리를 용납해 주실 정도였기 때문이다. 그렇다면 하나님을 가까이할 때에는 우리를 얼마나 끔찍이 보살펴 주시겠는가!

하나님께 전적으로 헌신하며 또 그분을 기쁘시게 해 드리려 하는 자를 하나님께서 거부하신다는 것은 생각조차 할 수 없는 일이다. 하나님께서는 당신의 형상을 결코 멸시하지 않으신다. 사랑은 우리가 그분께 드릴 수 있는 것의 전부이며, 사랑은 하나님께서 멸시하지 않으시는 제사이다시 51:17 참조.

하나님께서는 결코 우리를 떠나지 않으신다

사랑하는 사람과 떨어지면 불행해지고 혼란에 빠지게 된다. 친구들과 잠시 동안만이라도 헤어지면 마음이 아프다. 교제를 나눌 수 없다는 것이 슬프게 한다.

사랑하는 사람이 떠날 때 우리의 삶은 지루해진다. 다시 만날 행복한 순간을 마음 졸이며 기다린다. 만일 사별한다면 어떻게 될까? 사별만큼 큰 슬픔을 주는 일은 극히 드물다. 이것은 우정의 기쁨을 위해 치르는 호된 대가이다.

그러나 하나님께서는 당신을 사랑하는 사람들과 결코 분리되지 않으신다. 그들은 눈을 열기만 하면 어디서나 하나님의 임재와 영광의 자취들을 볼 것이다. 그들은 자신이 사랑하는 분과 늘 대화할 수 있을 것이다. 이 사실은 암담한 감옥이나 황량한 사막마저 기꺼이 견딜 수 있게 해준다.

하나님께서는 참된 행복을 베푸신다

사랑의 대상이 불행하면 우리도 불행하다. 서로 사랑하는 이들은 서로의 행복이나 곤경을 함께 나눈다. 이 때문에 이 세상에서 사랑할 때 우리는 곤경에 처할 수도 있다. 가장 운이 좋은 사람도 친구의 마음을 근심케 하는 문제들에 봉착할 수 있다. 우리는 자신이 곤경에 처할 때는 물론이고, 친구들의 곤경으로 인해 고통당할 때에도 평안을 유지하기 힘들다.

그러나 우리가 다른 무엇보다도 하나님을 더 사랑한다면, 줄어들지 않을 행복을 경험할 것이다. 하나님의 영광을 보고서 즐거워할 것이다. 하나님을 찬양하는 사람들과 천사들의 모습을 보고서 기뻐할 것이다. 우리를 사랑하시는 분이 영원토록 행복하시며 또한 그 어떤 대적도 그분의 기쁨을 훼방하지 못한다는 사실로 인해 우리는 말할 수 없는 기쁨을 체험할 것이다.

"오직 우리 하나님께서는 하늘에 계셔서 원하시는 모든 것을 행하셨나이다" 시 115:3.

하나님을 사랑하고 그 뜻에 복종하는 사람은 참된 행복을 위한 튼튼한 기반을 지니고 있다. 참된 기쁨은 하나님을 기쁘시게 해 드리기만을 원하는 사람에게 임하고, 전심으로 하나님을 사랑하는 자는 평강과 안식과 만족을 얻는다.

하나님을 사랑하는 자는 늘 만족스럽다

우리는 하나님께 몰두할 때 자연히 큰 기쁨을 경험한다. 사랑의 불꽃으로 줄곧 타오르는 산제사로 우리 자신을 기꺼이 드리는 것보다 더 큰 기쁨은 없다. 우리가 자신의 이기심에 대해 진력이 나기 전까지는 그리고 삶의 소유권을 포기하고 자신을 하나님께 온전히 맡기기 전까지는 결코 참된 기쁨과 즐거움을 알 수 없다.

우리는 자신을 하나님께 의탁할 때 거룩해질 수 있다. 그럴 때 비로소 "나의 사랑하는 이는 내게 속하였고, 나는 그에게 속하였다. 그분을 위해서라면 나는 무슨 일이든 할 수 있다. 나의 관심은 그분을 섬기는 일에만 집중되어 있다."라고 진심으로 말할 수 있다.

이 같은 마음을 지닌 사람은 매사에 즐거움을 찾을 것이다. 기쁜 일들 속에서 하나님의 선하심을 맛보며 그분의 사랑을 느낄 때 그 기쁨은 또 다른 향취로 다가올 것이다.

자신을 온전히 하나님께 맡기는 사람은 징계마저 흔쾌히 받아들인다. 그에게는 지팡이는 물론이고 막대기도 위안을 준다. 따라서 징계의 손길에 감사를 표하며 혹독한 징벌도 달게 받아들일 준비가 되어 있다. 그는 자신의 계획을 하나님께서 허용하지 않으신 것을 오히려 기뻐하고, 하나님의 뜻과 지혜 속에서 기쁨을 발견한다.

하나님을 사랑하는 자는 기쁨으로 봉사한다

많은 사람은 그리스도인으로서의 삶이 지겹고 불만스러운 것으로 여긴다. 그러나 하나님을 사랑하는 이들은 기쁨과 즐거움으로 자신의 임무를 감당한다. "주의 권능과 영광을 보려 하여……성소"로 가라는 시

63:2 당부를 그들은 기뻐한다. 그들에게 가장 행복한 순간은 세상의 모든 소음과 분주함으로부터 물러나서 하나님의 임재 속으로 들어가 그분과의 친교를 즐길 때이다.

하나님을 사랑하는 심령으로 가득한 이들은 그분께서 자신의 가장 큰 기쁨이심을 발견한다. 그들은 그분에 관해 생각하고, 그분의 은총들을 기억하며, 그분을 향한 사랑을 단언하길 좋아한다. 자신의 짐을 그분 앞에 내려놓고 자신의 곤경들을 그분께 맡긴다.

사랑하는 마음에서라면 회개마저도 즐겁다. 하나님께로 돌아서는 상한 심령에서 흘러 나오는 자책의 눈물 속에는 은밀한 감미로움이 깃들어 있다.

외부적인 율법의 통제를 받는 사람들에게는 희생과 정결과 거룩을 추구하는 삶이 힘들고 성가시다. 그러나 하나님의 사랑이 우리의 심령을 사로잡을 때 그 사랑은 그리스도의 마음을 상하시게 하지 않도록, 유혹에 넘어가지 않도록 지켜 준다.

하나님의 사랑에 의해 통제되는 사람은 분명한 계명에 순종할 뿐만 아니라, 그분을 기쁘시게 할 것으로 짐작되는 것을 흔쾌히 행한다. 그리스도께서 좋아하고 만족스러워하실 것을 알아내려고 창의적인 노력을 기울인다. 이런 사람에게는 자기부인이 더 이상 힘들고 두려운 일이 아니다. 오히려 즐겁고 감미롭다. 이것은 좀더 깊이 숙고할 만한 귀한 주제이다.

3. 이웃을 향한 사랑의 탁월성

인간의 영혼 안에 자리잡은 하나님의 생명에 의해 생겨나는 다음 열매는 '이웃을 향한 사랑'이다. 이 열매는 실로 위대하다. 온 세상을 사랑하는 마음보다 더 탁월한 것이 있겠는가? 이웃이 가장 잘되기를 원하는 사람보다 더 멋진 이가 있겠는가?

이웃을 자신처럼 사랑하는 자는 다른 사람들을 해롭게 할 생각을 결코 품지 않는다. 오히려 그들에게 필요한 것을 기꺼이 제공하려 한다. 이웃을 해롭게 할 바에야 차라리 자신을 해롭게 할 것이다. 그는 누군가를 행복하게 할 때 기쁨을 발견한다. 사람들의 증오심이나 배은망덕에도 불구하고 그들을 향한 사랑을 포기하지 않는다. 그들로 인한 고통을 간과하며 선으로써 악을 극복한다. 대적들과 관련하여 그가 세우는 유일한 계획은 그들에게 그리스도의 도우심이 필요함을 깨닫게 하는 것이다.

이 같은 사람이 찬사를 받고 가장 매혹적으로 보이는 것은 너무나 당연한 일이다. 그의 자상하고 온유한 영혼은 얼굴 표정에서도 드러난다. 그의 본보기는 다른 사람들의 선행을 자극한다.

우리가 아는 영웅적인 행위들 대부분은 애국심이나 우정에서 비롯되었다. 하지만 보다 영적이고 우주적인 사랑은 훨씬 더 큰 사랑의 행위를 유발할 것이다.

이웃을 사랑하는 즐거움

사랑이 마음속에 일어날 때 그것은 큰 만족과 기쁨을 낳는다. 자신의 사랑이 성숙해지는 것을 보는 것은 기쁜 일이다. 악의와 증오와 시기심에서 벗어나는 자신을 볼 때 우리의 영혼은 즐겁다. 행복을 얻을 수 있는 길을 하나만 선택한다면, 나는 모든 이들을 향한 사랑으로 가득한 마음을 택하고 싶다. 그러면 다른 사람들의 모든 행복에 참예하게 될 것이다. 그들에게 유익과 기쁨을 주는 모든 것은 내게도 기쁨과 즐거움을 줄 것이다.

내가 이웃과 함께 고통과 슬픔을 당하는 것도 사실이다. 하지만 다른 이들과 함께 고통당하는 것은 감미로운 일이며, 냉담한 무감각보다 훨씬 바람직하다. 세상을 다스리시는 하나님의 무한하신 지혜와 선하심을 묵상함으로써 우리는 곤경에 대한 염려를 줄일 수 있다. 또한 이생에서의 슬픔을 통해 다른 이들을 영생에 이르는 길로 인도할 수도 있음을 명심해야 한다. 그 때문에 우리는 슬픔 속에서도 큰 위안을 찾을 수 있다.

하나님을 사랑하고 즐거워하는 것 다음으로 이웃을 향한 열정적인 사랑과 호의는 천국에 속한 가장 큰 기쁨으로 간주된다. 만인에 대한 사랑이 이 땅에 널리 퍼질 때 우리는 천국의 기쁨을 이 땅에서 미리 맛볼 것이다.

4. 정결의 탁월성

하나님의 생명이 맺는 세 번째 열매는 '정결'이다. 앞에서는 정결을 죄의 쾌락을 멸시하는 것으로 정의했다. 다음으로 그것은 고통을 감수하고서라도 옳은 일에 매진하는 것이라 했다.

최악의 속박상태는 우리 자신의 탐욕에 매이는 것이다. 반면에 최대의 승리는 탐욕을 물리치는 것이다. 죄에 빠져 있거나 이 세상의 허망한 쾌락을 추구하는 데 급급한 사람은 고상하고 가치 있는 일을 전혀 할 수 없다. 영적인 사람은 하나님 중심의 열정을 지니고 있다. 따라서 그는 죄악된 쾌락을 추구하기 위해 거룩한 길에서 벗어나는 것을 용납하지 않는다.

정결은 지속적인 즐거움을 낳는다

정결은 즐거움을 동반하지만 영혼을 더럽히는 것은 영혼을 불안하게 한다. 모든 죄악된 쾌락은 그 속에 가시를 담고 있으며 상처와 문제들을 남긴다. 죄와 탐욕은 건강을 해치고 삶을 망친다. 합리적인 사람이라면 이런 이유만으로도 그것들을 피해야 한다.

만일 어떤 사람이 해로운 쾌락을 금하며 심지어 정당한 쾌락마저 삼가기로 했다면, 그것을 무리한 선택이나 극단적인 희생으로 간주해서는 안 된다. 하나님과 의를 추구하는 결과를 초래하는 더 나은 선택으로 간주해야 한다. 열정적으로 하나님을 추구하는 사람이라면 이 세상의 쾌락을 잊기 마련이다.

하나님의 사랑에 사로잡힌 심령은 이생의 쾌락에 탐닉하지 않는다. 음식과 수면마저 부차적인 것이 된다. 그리스도인들은 이런 것들을 참된 행복의 필수요건으로 보지 않으며, 보다 높은 차원의 즐거움을 추구한다. 곤경마저도 하나님을 향한 사랑을 자라게 하고 입증할 기회가 된다. 그들은 하나님의 이름을 위해 고난당하는 영예를 기뻐한다.

5. 겸손의 탁월성

하나님의 생명이 맺는 마지막 열매는 '겸손'이다. 이것을 무가치하게 여기는 이들도 있지만 이보다 더 고귀하고 소중한 덕목도 없을 것이다. 어리석은 무지는 교만을 낳는 반면에 진리는 겸손을 낳는다. 겸손은 영적으로 무가치한 것을 사랑하지 않도록 우리를 지켜 준다. 자신의 자그마한 성취를 자랑하지 않게 해준다.

지혜로운 사람은 자신의 부나 잘생긴 외모나 완력으로 자신을 높게 평가하지 않는다. 이런 면에서 부족한 자들을 멸시하지도 않는다. 하나님의 영광에 관한 지식은 그에게 자신의 업적이 얼마나 미약한 것인지를 깨닫게 한다. 그리하여 자신을 복종시켜 더욱 그리스도를 닮아 가려는 노력을 지속한다.

대부분의 사람들이 겸손을 어떻게 정의하는지 모르겠지만, 내가 보기에 거의 모든 사람이 적어도 겸손한 척은 한다. 교만하고 거만하게 보이는 언행을 삼간다. 칭찬받길 가장 원하는 사람들마저 대체로 자신을 선뜻 내세우려 하지는 않는다. 우리의 찬사나 친절한 말들은 다른 사람들을 높이고 우리 자신을 낮추는 표현이 아닌가? 외관상으로나마 겸손한 모습이 그토록 흔한 것은 겸손이 매우 고귀한 덕목임을 나타내는 증거가 아닐까?

겸손은 기쁨을 낳는다

겸손은 행복과 평안을 동반한다. 하지만 교만한 자는 모든 이들에게 문젯거리이다. 교만한 사람은 무슨 일에나 짜증을 내며 좀처럼 기뻐하지 않는다. 매사에 불평을 늘어놓기 일쑤이다. 마치 자신을 늘 행복하게 해야 할 책임이 하나님께 있기라도 하듯이 처신한다. 그는 마치 하늘과 땅의 모든 피조물이 자신에게 시중들며 복종해야 하는 듯이 행동한다. 바람이 불 때마다 흔들리는 높은 나무의 이파리들처럼, 그는 무심결에 나누는 대화에도 화를 내며 고통스러워한다.

반면에 겸손한 사람에게는 유익이 있다. 멸시당할 때 자신을 오히려 낮추어 생각한다. 따라서 다른 사람들에게라면 상처를 주었을 비판도 그를 괴롭히지는 않는다. 그는 차분하게 참는다. 비판의 영향을 덜 받기 때문에 비판에 노출되는 경우도 적다.

교만은 사람들을 수많은 곤경들 속으로 몰아넣는다. 온유하고 낮은 마음을 지닌 자들이라면 이러한 곤경들을 좀처럼 마주치기 어렵다. 진실한 겸손은 지혜롭고 분별력 있는 사람들의 존경과 사랑을 받는 반면에, 교만한 자는 자신이 그토록 갈망하는 명예를 잃고 만다.

하나님 앞에서는 겸손이 맨 먼저 눈에 띄기 때문에 항상 큰 기쁨과 만족을 동반한다. 그리스도인이 하나님 앞에 겸손히 엎드릴 때 느끼는 기쁨은 말로 표현할 수 없을 정도이다. 그리고 하나님의 위엄과 영광을 깊이 자각한다. 그는 한껏 낮아지며 하나님 앞에서 그 자취가 사라질 정도로 작아진다. 자신의 하찮음과 연약성과 죄를 깊이 깨닫기 때문에 "사람이 무엇이관대 주께서 저를 생각하시며"시 8:4라는 시편 기자의 말을 온전히 이해한다.

주목받길 원하는 교만한 사람은 사람들의 찬사를 들어도 겸손한 그리스도인처럼 기뻐하지 않는다. 겸손한 자는 칭찬을 들을 때 이렇게 말한다. "여호와여 영광을 우리에게 돌리지 마옵소서……주의 이름에 돌리소서"시 115:1.

나는 기독교의 열매들을 묘사함으로써 그 탁월성과 유익들을 설명했다. 하지만 이 설명은 완벽하지 않다. 우리는 직접 경험해야 하며, 글이나 말로 제시되는 그 어떤 설명보다 직접적인 경험이 더 많은 것을 가르쳐 줄 것이다. 만일 우리의 영혼이 큰 기쁨을 원한다면 다음 기도를 통해 그 기쁨을 표현할 수 있을 것이다.

 P · R · A · Y · E · R

변화된 심령을 위한 기도

하나님 아버지, 주께서는 우리에게 참으로 큰 기쁨을 주길 원하십니다. 은혜로우신 주께서 우리의 임무와 행복을 단단히 결합시키시고, 임무를 수행하는 우리에게 큰 상급을 약속하셨습니다.

벌레처럼 어리석은 우리를 이토록 존귀하게 여기십니까? 우리가 주를 바라보도록 허락하시겠습니까? 우리 같은 사람들의 마음을 받아주시겠습니까?

우리가 주를 바라보며 사모함으로써 정말 주님을 닮아 갈 수 있습니까? 주님을 사랑하며 주의 영광을 즐거워함으로써 우리가 주의 무한하신 행복과 영광에 참예하게 되겠습니까?

자기사랑의 사슬을 끊고 이 세상에 대한 애착에서 벗어난 자들은 참으로 행복합니다. 그 마음이 주의 성령에 의해 밝혀지고, 주님을 닮아 넓어짐으로써 다른 무엇보다도 주를 사랑하며 또한 주님 때문에 인류를 사랑하는 자들은 행복합니다.

하나님 아버지, 나의 죄악된 욕구가 소멸되고 나의 교만이 억제되기 전까지는 나는 결코 행복해질 수 없습니다. 진지한 마음으로 세상을 멀리하며 나 자신을 하찮은 존재로 여기기 전까지는 진정한 기쁨을 알 수 없습니다. 하지만 언제 그럴 수 있겠습니까? 나를 주님처럼 거룩하게 하심으로써 내 영혼을 만족시키실 때가 언제입니까?

주께서 이 큰 기쁨을 약속하신 것은 그것을 누리게 하시기 위함입니다. 주께서 내 영혼 속에 이 같은 욕구를 일으키신 것은 그것을 채우시기 위함입니다.

주께서 내 속에서 이 일을 이루실 것을 나는 확신합니다. 하나님의 뜻을 행하는 법을 가르쳐 주소서. 주의 영은 선하십니다. 나를 정직한 자의 땅으로 이끄소서.

여호와여, 주의 이름을 위하여 나를 소생시키시며 완전케 하소서. 여호와여, 주의 자비가 영원합니다. 주의 손으로 하시는 일을 포기하지 마소서. 아멘.

그리스도를 보내셔서 그 삶을 통해 우리에게 친히 본을 보여 주게 하신 주의 자비가 얼마나 놀라운지요! 내가 예수님처럼 될 때까지 그분의 거룩하신 삶을 늘 마음속에 새기길 원합니다. 신적인 생명이 내 영혼에 가득하기까지, 내 속에 그리스도의 형상이 이루어지기까지 부단히 그분을 좇게 하소서. 아멘.

3. 그리스도인의 삶의 어려움과 임무들

Difficulties and duties of the Christian life

3. 그리스도인의
삶의 어려움과 임무들

지금까지 나는 참된 기독교가 무엇이며, 그것이 얼마나 소중한지 설명했다. 하지만 어떤 사람이 바람직한 상태로부터 멀어진 자신의 마음을 볼 때, 절망 가운데에서 포기해 버릴 수도 있다. 심지어 자신은 그리스도인이 될 수 없다고 믿을 수도 있다. 고뇌와 비통한 마음을 품고서 상심할 수도 있다.

1. 낙심 극복

이런 사람은 다음과 같이 말할 수도 있다.

자신의 영혼 안에 하나님의 생명을 가진 자들은 정말 행복하다. 하지만 내 성품은 전혀 다르며, 나는 그렇게 전격적으로 변할 수가 없다. 만일 외적인 행동을 통해 그리스도인이 될 수 있었다면 나는 소망을 가졌을 것이다. 왜냐하면 나는 부지런하고 신중하기 때문이다. 하지만 오직 새 심령만이 그런 변화를 가능케 한다면 내가 무엇을 할 수 있겠는가?

어느 순간에 나의 모든 소유를 하나님께 바치거나 가난한 자들에게 선물로 줄 수 있다고 생각한다. 하지만 그럴 때에도 나 자신을 사랑하게 할 수는 없음을 깨닫는다. 따라서 그런 희생은 아무런 의미도 없을 것이다. 사랑이 없이는 자신의 모든 소유를 다 주어도 인정받지 못할 것이다.

나 자신을 비참하게 만들며 곤경과 역경에 빠트릴 생각도 해 본다. 하지만 그런다고 해서 나의 악한 욕구를 근절시키거나 이 세상을 사랑하지 못하도록 막지는 못할 것이다. 내 마음속에는 죄악된 탐욕이 늘 도사리고 있다. 헛된 것들에 대해 내가 문을 닫지만, 그것들은 어느새 창문을 넘어 들어온다.

나의 영적 파탄상태에 대해서는 의문의 여지가 없다. 내 심령이 얼마나 죄악되고 어두운지 알고 있다. 당신은 그 사실이 나를 겸손케 할 것이라고 생각할 것이다. 하지만 나는 화를 내며 불만을 터뜨린다.

내가 나 자신에 대해 겸손하게 생각할 수는 있지만, 다른 사람들이 나를 나쁘게 생각하는 것을 견딜 수 없다. 따라서 내가 가장 내세울 만한 행동들을 생각할 때 그것들이 나의 육욕적인 본성의 표현이요, 자기사랑의 열매일 뿐임을 자각한다. 그것들은 상대적으로 좀더 나은 것일 따름이다.

나의 죄성이 너무나 강력하고, 그 뿌리가 내 영혼 안에 너무 깊이 박혀 있기 때문에 그 손아귀에서 결코 벗어날 수 없다고 생각한다. 나는 마치 경첩에 달린 문처럼 오락가락하지만 결코 자아에서 벗어나지는 못한다. 자아가 나의 모든 행동의 뿌리이다.

내가 참된 기독교에 관한 글을 읽음으로써 얻는 유일한 유익은 멀찌감치에서 바라보는 것뿐이다. 그 기쁨을 볼 수는 있지만 누리지는 못한다. 나는 바다에서 파선당한 사람 같다. 그는 해안과 거기에 있는 사람들을 본다. 그들의 행복과 안락함을 부러워하지만 자신이 해안으로 갈 수 없음을 알기 때문에 절망한다.

터무니없는 두려움

나는 그리스도인의 삶의 참된 특성을 이해하기 시작한 많은 사람이 그런 절망감을 느낀다고 생각한다. 그들은 가나안 땅을 정탐했고, 그곳에 젖과 꿀이 흐른다는 것을 알고 있다. 하지만 탐욕과 죄라는 거인들이 길을 가로막고 있다는 것도 알며, 그것들을 결코 물리치지 못할 것을 두려워한다.

왜 우리가 그처럼 낙담시키는 생각에 굴복해야 하는가? 왜 우리의 영혼이 이 같은 두려움에 사로잡혀야 하는가? 이 같은 장애물들을 우리의 앞길에 허용해서는 안 된다. 우리 자신을 격려해야 한다.

영적 전투에서 우리가 얻을 도움을 스스로에게 상기시켜야 한다. "이는 너희 안에 계신 이가 세상에 있는 이보다 크심이라" 요일 4:4. "영원하신 하나님이 너의 처소가 되시니 그 영원하신 팔이 네 아래 있도다" 신

33:27. "너희가 주 안에서와 그 힘의 능력으로 강건하여지고" 엡 6:10. 분명히 하나님께서 친히 "우리의 대적을 밟으실" 시 60:12 것이나, 우리는 도움을 주시는 하나님께 마음을 집중해야 한다.

첫째, 하나님께서는 사람들의 영혼에 대해 자상한 관심을 가지고 계심을 기억하자. 하나님께서는 그들의 행복을 기꺼이 도모하신다. 우리를 위해 스스로 낮아지셨다. 우리의 파멸을 결코 기뻐하지 않으신다. 하나님의 마음속에는 악의나 시기심이 전혀 없다. 그분의 성품과 칭호는 사랑이다.

하나님께서는 사람을 행복한 존재로 창조하셨다. 우리가 죄에 빠져 있어서 하나님께서는 우리 영혼을 돌보며 회복시키는 일을 당신의 영원하신 아들에게 맡기셨다. 그리스도는 우리를 구원하시는 대장이다. 우리가 그분의 깃발 아래에서 싸울 때 어떤 대적도 이길 수 있다. 하나님의 아들이 하늘로부터 내려오셔서 우리 가운데 거하심으로 우리를 위해 하나님의 생명을 회복시키고 또한 우리 안에 하나님의 형상을 회복시키셨다.

둘째, 하나님의 아들의 사역을 생각하자. 그리스도의 강력한 사역과 고통스러운 시련은 모두 우리의 구원을 위한 것이었다. 그가 산고의 고통을 거친 후에 아무런 결실도 거두지 못하셨는가? 이 땅에 아무런 구원도 가져다 주지 못하셨는가? 사역의 결실을 전혀 보지 못하실까?

그 위대한 구원의 계획이 실패한다는 것은 생각조차 할 수 없다. 수

많은 사람이 이미 구원받았음을 우리는 알고 있다. 그것은 사람들이 흔히 생각하는 구원과는 거리가 멀었다.

우리의 대제사장은 "영원히 계시므로……자기를 힘입어 하나님께 나아가는 자들을 온전히 구원하실 수" 있다히 7:24-25. 그리스도는 자상하고 친절하시다. 그는 우리의 곤경을 알고 계시며, 우리처럼 시험을 당하셨다. 그리고 "상한 갈대를 꺾지 아니하며 꺼져 가는 등불을 끄지" 아니하신다사 42:3.

셋째, 하나님께서 성령을 보내셨다. 성령의 부드러우나 강력한 바람은 세상 어디서나 불고 있다. 그는 사람들을 소생시키며 회복시키신다. 사람들로 하여금 하나님을 알도록 도움으로써 참된 목적을 깨우쳐 주신다. 거룩한 삶을 위해 고투를 벌이는 연약한 우리를 기꺼이 도우신다. 일단 성령께서 어떤 영혼을 사로잡아 하나님의 사랑의 불을 지피시면 그것을 줄곧 보호하신다. "많은 물이 꺼치지" 못하는아 8:7 불타는 열정을 타오르게 하실 것이다.

새벽이 밝아 오기 시작하고 샛별이 우리 마음에 떠오르면벧후 1:19 어둠이 쉽게 쫓겨날 것이다. 태양이 떠오를 때 칠흑 같은 밤이 순식간에 물러나듯이, 그분은 모든 무지와 어리석음과 이기심과 죄악을 사라지게 하실 것이다. 왜냐하면 "의인의 길은 돋는 햇볕 같아서 점점 빛나서 원만한 광명에" 이르기 때문이다잠 4:18. 모든 성도가 시온에서 하나님 앞에 설 때까지 "힘을 얻고 더 얻어" 나아갈 것이다시 84:7.

우리의 심령이 참된 선과 사랑의 지배를 받는 것은 불가능한 것인가? 하나님께서 우리를 사랑과 선을 행할 수 있는 존재로 창조하지 않으셨는가?

죄와 악은 침입자들이다. 이들은 사람들을 오래도록 사로잡아 왔지만 "본래는 그렇지" 않았다 마 19:8. 대부분의 사람이 본성의 일부로 여기는 이기심은 외부에서 들어온 것이며, 인간의 원래 모습이 아니었다.

우리 모두는 창조주를 사랑해야 한다는 것을 알고 있다. 마음을 다하여 그분을 사랑해야 함을 알고 있다. 만일 우리의 의지가 죄로 인해 더럽혀지지 않았다면 그렇게 할 수 있을 것이다. 하지만 우리의 영혼을 지으신 분이 그것을 다시 고쳐서 회복시키실 수 없겠는가? 하나님의 능력으로 우리가 영혼의 대적들을 물리치지 못하겠는가?

우리가 이 전투에 나서자마자 지상의 모든 성도와 하늘의 천사들이 우리의 아군이 될 것이다. 온 세상의 교회들이 승리를 위해 매일 하나님께 기도하고 있다. 하늘의 천사들은 우리에게 깊은 관심을 기울이며 하나님의 생명이 이 세상에 가득하길 원한다. 천사들은 하나님의 뜻이 그들에 의해 하늘에서 이루어지듯이 땅에서도 우리를 통해 이루어지길 바란다.

선지자 엘리사가 자신의 사환을 격려했듯이 우리도 스스로를 격려해야 한다. 선지자는 불 병거를 사환에게 보여 주고서 "두려워하지 말라 우리와 함께한 자가 저와 함께한 자보다 많으니라" 왕하 6:16고 말했다.

2. 하나님을 신뢰하고 실행에 옮김

행여나 느낄 수 있는 두려움과 절망감을 모두 떨쳐 버리라! 열심히 변화를 모색하고 하나님의 도우심을 신뢰한다면 이미 전투의 절반을 이긴 셈이다. "너는 일어나 일하라 여호와께서 너와 함께 계실지로다" 대상 22:16.

영혼 구원은 하나님의 직접적인 사역이며, 우리의 인간적인 노력으로는 이룰 수 없는 일이다. 구원을 위해 꼭 필요한 힘이 우리에게는 없다. 우리가 거듭날 수 있으려면 성령께서 우리에게 임하시고, 하나님의 능력이 우리를 덮어야 한다.

하지만 우리 측에서 아무런 행동도 취하지 않고서 그런 일이 일어나길 기대해서는 안 된다. 하나님께서 우리를 구덩이에서 끌어올리실 때까지 그 속에 누워 있기만 해서는 안 된다. 나름대로 최선을 다해야 하며, 그럴 때 비로소 우리의 수고가 주 안에서 헛되지 않을 것이라는 소망을 가질 수 있다 고전 15:58.

사람은 아무리 많은 기술을 사용하고 열심히 노력해도 가장 작은 풀 한 포기를 만들 수 없고, 밀 한 줄기도 자라게 하지 못한다. 이것들을 생산하는 것은 자연의 힘과 하나님의 능력이다. 풀을 자라게 하는 이는 하나님이시다. 하지만 아무도 사람의 노력이 필요하지 않다고 주장하지는 않을 것이다. 마찬가지로 인간의 영혼을 지은 이는 하나님이시다. 하나님께서 그것을 만들어 거기에 생기를 불어넣으셨다. 그러나 하나님께서는 인구증가를 위해 부부의 결합이라는 자연적인 방식을 마련해 주셨다.

사람의 영혼을 변화시키기 위해서는 하나님께서 개입하셔야 하지만, 우리는 최선을 다해 자신을 준비시켜야 한다. 자신의 묵혀 둔 땅을 일구고, 잡초를 뽑으며, 가시를 제거함으로써 하늘로부터 단비와 은혜의 씨앗을 받을 준비를 해야 한다. 하나님께서는 하나님을 찾지 않는 사람에게 임하시기도 한다. 어떤 이들은 갑자기 하나님의 손에 사로잡혔다. 바울이 다메섹으로 가는 길에 회심한 것이 그런 경우였다.

하지만 그것은 하나님께서 사람들을 구원할 때 사용하시는 일반적인 방법이 아니다. 인간 구원과 관련하여 하나님께서는 특정한 방법에 제한받지는 않으시지만, 그것들을 우리에게 적용시키신다. 우리가 가장 열심히 노력할 때에 하나님의 도우심을 가장 많이 기대할 수 있다.

3. 영적 변화를 위해 해야 할 일들

이제 나는 영적 변화를 위해 우리가 취해야 하는 단계들을 설명할 것이다. 설령 이 개념들이 다른 사람들의 의견과 다르더라도 내가 그들을 반박하고 있다고 생각하지는 말라. 종종 의사들은 같은 질병에 대해서도 다양한 처방을 제시한다. 누구도 자신의 방법이 최선인 척해서는 안 된다.

경건한 사람들 중에는 자신의 경험이 어떤 책에서 읽은 내용과 같지 않다는 사실로 인해 심한 혼란에 빠지기도 한다. 하나님께서 사람들의 영혼을 다루시는 방법은 다양하다. 어떤 방편이 사용되든 일이 이루어진다면 그것으로 충분하다.

내가 논리적 순서를 따라 지침들을 제시하지만, 모두들 이 순서를 따라야 한다는 뜻은 아니다. 이 지침들은 함께 작용하며 각자의 능력에 따라 적용되어야 한다.

모든 죄를 회개해야 한다

만일 우리 영혼이 변화되고 그리스도를 닮기를 바란다면, 모든 죄악된 행실들을 포기하겠다는 결단을 진지하게 내려야 한다. 하나님을 대적하는 반역을 제거하기 전까지는 하나님과의 평안을 누릴 수 없다. 매일 독을 마신다면 우리의 질병이 치유되길 기대할 수 없다.

모든 죄가 우리의 영혼을 상하게 하고, 우리를 하나님으로부터 멀어지게 한다. 사악함을 씻어 버리기 전까지는 우리 마음이 결코 정결해지지 않을 것이다.

경건이란 실현 불가능한 것이라는 주장을 핑계로 내세울 수는 없다. 우리의 겉사람은 어떤 면에서 우리의 통제 아래 있다. 손과 혀를 통제하듯이 생각과 상상도 어느 정도 통제한다. 적어도 우리는 죄악된 방향으로부터 더 나은 방향으로 돌이킬 수 있다.

우리의 죄성이 매우 강력하다는 것을 나는 인정한다. 너무나 많은 시험이 닥치기 때문에 우리 자신을 조금이나마 정결하게 유지하려면 큰 결단과 주의가 필요하다. 하지만 우리가 노력하면 자기통제력이 점점 더 강해진다.

죄가 무엇인지를 알아야 한다

죄악된 욕구를 극복하기 위해서는 죄가 무엇인지 알아야 한다. 우리는 세상이나 선한 사람들의 행실에 근거하여 자신을 평가해서는 안 된다. 대부분의 사람은 진짜 죄성에 대해서는 거의 이해하지 못하고 있다. 그들은 악명 높거나 수치스러운 짓을 저지르지 않는 한 자신의 허물을 자각하지 못한다. 그들이 극단적인 악행으로 규정한 것 외에는 아무것도 죄로 여기지 않는다. 심지어 매우 신실한 사람들도 때로는 자신에게 너무 관대하다.

매일의 언행에서 얼마나 많은 교만과 어리석음과 죄악을 범했는지 우리는 잊고 있다. 비록 범죄로 인해 겸손해지고 죄악에 대항하여 매일 진전을 보이기도 하지만, 그 진전이 너무 더딘 반면에 실패가 잦아서 우리는 더 나은 귀감을 필요로 한다.

우리 모두는 자신의 죄에 대해 개인적으로 책임져야 한다. 우리의 행동기준은 오직 하나님 말씀이다. 자신의 행실을 깨끗하게 하려면 오로지 주의 말씀을 따라 삼가야 한다 시 119:9. 그의 말씀은 "살았고 운동력이 있어 좌우에 날선 어떤 검보다도 예리하여 혼과 영과 및 관절과 골수를 찔러 쪼개기까지 하며 또 마음의 생각과 뜻을 감찰"한다 히 4:12. 그것은 세상에서 결백한 것으로 여겨지는 많은 죄악들을 우리에게 드러낼 것이다.

따라서 우리는 "사람의 행사로 논하면 나는 주의 입술의 말씀을 좇아 스스로 삼가서 강포한 자의 길에 행치 아니하였사오며" 시 17:4라고 말했던 시편 기자를 본받아야 한다. 자신의 믿음의 실상을 충분히 파악해야 한다. 그리스도의 말씀 특히 마태복음 5-7장에 수록된 산상수훈과 사도들의 가르침을 사려 깊게 연구함으로써 자신에게 기대되는 것이 무엇인지를 배울 수 있다.

우리는 어떤 죄도 작거나 중요하지 않은 것으로 여겨서는 안 된다. 가장 작은 죄라도 하나님께는 너무나 사악하며, 우리 영혼에게는 해로운 것이다. 만일 죄를 제대로 이해한다면 극악한 죄를 범했을 때와 마찬가지로 가장 경미한 죄를 범했을 때도 깊은 죄책감을 느낄 것이다.

죄의 결과에 대해 생각해야 한다

어떤 죄들은 우리를 강력하게 붙들고 늘어진다. 때로는 타고난 본성으로 인해 특정한 죄에 예속된다. 습관화된 죄에 얽매이기도 한다. 어떤 사람은 죄악을 통해 얻는 즐거움 때문에 죄에 매달린다. 어떤 죄를 버리는 것은 마치 손을 자르거나 눈을 뽑는 것과 같을 것이다. 하지만 자신의 죄를 회개하기 전에 모든 시험이 멈추거나 죄를 버리기 쉬워질 때까지 기다리고만 있어서는 안 된다.

하루 종일 강가에 서서 강물이 다 지나가도록 기다리는 어리석은 시인처럼 행동해서는 안 된다. 우리는 버리고 싶지 않은 죄악된 욕구들에 대해 싫증날 때까지 어린아이처럼 그것들에 계속 탐닉해서는 안 된다. 언젠가 우리 영혼에 하나님의 은혜가 넘쳐서 죄를 미워하게 되기를 바라면서 계속 죄를 범할 수는 없다.

설령 최악의 경우를 가정하여 죄악을 분간할 수 있는 능력과 영적 생명이 우리에게 없다고 해도, 설령 솔직히 죄를 미워하지 않는다고 해도 우리에게는 죄가 자신에게 얼마나 해로운지 깨달을 수 있을 정도의 상식은 충분히 있다. 종종 그 상식만으로도 자신의 삶을 바꿔야 한다는 판단을 내릴 수 있다. 비록 죄로 인한 영적 결과를 아는 지식이 우리를 변화시키지는 못하더라도 죄의 끔찍한 결과에 대한 두려움은 우리를 변화시킬 수 있다.

죄악된 쾌락을 추구하게 하는 바로 그 이기적인 마음이 죄의 대가가 너무 클 경우에 그 죄를 멀리하게도 한다. 때로는 우리의 이기적인 성격이 그 자체를 거스르게 하며, 우리의 자연적 욕구가 또 다른 자연적 욕구를 억제한다.

따라서 우리는 하나님을 거슬러 화나시게 하는 것이 얼마나 무서운 일인지에 대해 습관적으로 생각해야 한다. 매순간 우리는 그분께 의존된 존재이다. 만일 그분이 은총을 거두시면 비참해질 것이다. 만일 그분이 도와주지 않으시면 아무것도 아닐 것이다.

또한 인생의 덧없음과 불확실성을 기억하는 것도 도움이 될 것이다. 우리가 이 세상에서 보내는 날들은 짧다. 잠시 후면 캄캄한 무덤 속에 들어간다. 만일 계속 죄 가운데에서 지낸다면, 죽을 때 고뇌와 후회 외에는 지닐 것이 전혀 없을 것이다.

죄사함받지 못한 채로 전지하고 의로운 재판관 앞에 홀로 선 영혼이 당할 공포를 생각해 보라. 거기서 그는 자신의 삶 전체에 대해 소상하게 답변해야 할 것이다. 자신의 혀로 얘기한 모든 말과 마음속에 떠오른 모든 은밀한 생각들에 대해 심판받을 것이다.

또한 우리는 땅의 기초가 흔들릴 그날의 공포에 대해서도 생각해야 한다. 굉음과 함께 하늘이 떠나가고, 체질이 뜨거운 불에 풀어질 것이며 벧후 3:10 참조, 현 세상이 파괴될 것이다. 예수님께서는 우리를 구속하기 위해 겸손히 이 세상에 오셨다. 조만간 그가 재림하실 것이다. 이번에는 영광의 위엄 가운데 임하실 것이다. 그분의 은총을 멸시하고 계속 반역하는 자들에게 보응하기 위해 하늘로부터 불꽃 중에 나타나실 것이다 살후 1:7-9.

그때에는 어둠에 속한 모든 은밀한 것들이 드러날 것이다. 아무도 모르는 우리의 은밀한 죄들이 공개적으로 노출될 것이다. 미처 알지 못했던 죄악된 행위들과 깡그리 잊어버렸던 일들이 양심에 떠오를 것이다. 죄책감이 너무나 강렬하여 자신의 죄악을 부인하거나 핑계대지 못할 것이다.

그때에는 하늘의 모든 천사들과 땅의 모든 성도들이 악인들에게 내려지는 무서운 선고에 공감할 것이다. 그들을 사랑하고 흠모했던 사람들마저 혐오감과 분노를 표할 것이다. 후자는 전자를 위한 기도를 한 마디도 하지 않을 것이다. 왜냐하면 전자에 대한 심판이 정당하기 때문이다.

그리고 우리는 저주받은 영혼들을 기다리는 영원한 징벌에 관해서도 생각해 보아야 한다. 성경은 지옥을 묘사하기 위해 이 세상에 있는 가장 끔찍하고도 고통스러운 것들에 견주어 묘사한다. 그러나 이런 묘사들도 지옥의 실상을 온전히 그리기에는 부족하다. 설령 성경에서 묘사하는 표현들을 모두 합하고, 거기에다 우리가 상상할 수 있는 모든 고통을 더한다고 해도 지옥의 끔찍한 실상을 표현하기에는 여전히 미흡할 것이다.

나는 이것이 매우 슬프고 침울한 주제임을 알고 있다. 이를 생각만 해도 큰 고뇌와 고통이 엄습한다. 그런데 직접 당해야 한다면 얼마나 더 끔찍하겠는가! 지옥을 생각하면 무서워서 그리로 향하는 걸음을 돌이킬 수도 있다. 우리가 죄를 아무리 좋아하더라도 지옥에 대한 두려움 때문에 죄를 버릴 수 있다. "우리 중에 누가 영영히 타는 것과 함께 거하리요" 사 33:14 라는 질문을 받을 때, 우리는 가장 강력한 시험들도 물리칠 수 있다.

성경이 지옥을 언급할 때 육신적인 마음에 영향을 미치기 쉬운 표현을 사용하는 것도 바로 이 때문이다. 사람을 진정으로 선하게 만들기에는 이런 두려움들만으로 충분하진 않지만, 이들은 우리를 많은 죄악들로부터 지켜 줄 수 있고 또한 깊고 지속적인 변화를 위한 방법을 모색하게 한다.

우리의 영혼을 부지런히 지켜야 한다

이 일들을 한두 번 생각하는 것만으로는 충분하지 않다. 죄를 버리기로 결단하는 것으로도 충분하지 않다. 자신의 영혼을 지속적으로 지키며 살펴야 한다. 때로 우리의 심령은 깨어 죄악된 삶의 무서운 결과를 보고서 곧바로 변할 결심을 한다. 그러나 종종 우리는 다시 잠들며, 죄악을 물리치고 승리할 소망을 잃고 만다. 바로 그때 시험이 밀려든다. 죄는 늘 우리 주위를 맴돈다. 그것은 우리를 유혹하며 종종 미처 알기도 전에 우리의 동의를 이끌어 낸다.

많은 사람은 어리석게도 부주의한 삶을 살아간다. 자신이 무슨 일을 하며, 무슨 말을 하려는지에 대해 미리 찬찬히 생각해 보지 않는다.

우리는 효과적인 결정을 내리려면 주의를 기울여야 한다. 자신의 말에 유의해야 한다. 자신의 마음을 지켜야 한다. 자신의 심령이 어디로 이끌고 있는지 살펴야 한다.

교만이나 분노나 사악함이 자신의 행위를 자극하고 있지나 않은지 알 필요가 있다. 자신의 행위가 하나님이나 어떤 사람의 마음을 상하게 하지는 않는지 생각해 보아야 한다. 만일 깊이 생각할 시간이 없다면 적어도 자신의 눈을 하나님께로 돌려야 하며, 자신이 하려는 일에 대해 하나님께 허락을 구해야 한다.

자신의 행위들을 점검해야 한다

자신의 행위들에 대해 깊은 관심을 기울인 다음에는 정규적으로 그리고 진지하게 이들을 돌아보아야 한다. 그럴 때 회개와 자백과 용서로 이어질 것이다. 또한 이것은 결심을 강화시키며 예전에 우리를 넘어뜨렸던 유혹을 물리치는 법을 배우도록 도와줄 것이다.

잠자리에 들기 전에 하루 동안의 모든 행동을 되돌아보고 점검하라는 것을 비록 그리스도인이 맨 먼저 제안한 것은 아니지만 좋은 권면이다. 그럴 때 옳게 행한 일에 대해 위안을 얻고, 그릇 행한 일은 바로잡을 것이다. 그리고 한 날의 난파 경험을 다음날의 항해를 위한 길잡이로 삼을 것이다. 이것은 경건한 삶의 기술이라고도 부를 수 있다. 이런 과정은 우리의 영적 성장에도 크게 기여할 것이다.

죄에 대항하여 싸우면서 하나님의 도우심을 구하는 일을 잊지 말아야 한다. 우리를 쉽게 넘어뜨리는 죄들에 대항할 때에는 특히 더 그렇다. 비록 우리는 아직 새로운 피조물이 되지는 못했지만, 도움을 간구하는 부르짖음을 하나님께서 들어주실 것이라고 나는 생각한다. 하나님께서는 새들의 지저귐도 들으신다. 그렇다면 친히 우리의 심령 속에 심으신 열망에서 나오는 기도를 하나님께서 들어주시지 않을 리가 없을 것이다.

앞에서 언급된 죄의 결과들을 생각해 볼 때, 삶의 다른 어려움들에 대해서와 마찬가지로 죄 문제를 놓고서도 진지하게 하나님께 간구해야 한다. 죄에 대항하는 기도가 적어도 우리를 신중하게 해주는 강력한 무기의 역할은 할 것이다. 우리는 어떤 죄악들을 대항하기 위해 하나님의 도우심을 간구해 놓고서도 금방 그 죄악들을 다시 범하기 쉬운 존재들이다.

정당한 일들마저 삼갈 줄 알아야 한다

우리는 자신의 자연적 욕구들을 제한함으로써 하나님의 생명을 향한 첫 단계를 밟을 수 있다. 이것은 자연적 욕구들이 죄악된 습관으로 굳어지는 폐단을 막아 준다. 기독교의 지혜는 불법적이지 않은 즐거움마저 삼가도록 가르친다. 그것은 우리의 영적 성장을 도울 뿐만 아니라, 죄악된 본성을 약화시키는 일도 돕는다. 그것은 우리의 욕구들을 통제하도록 도와준다.

마치 지혜로운 부모가 자녀를 다루듯이 우리의 영혼을 다룰 필요가 있다. 종종 부모는 자녀를 순종적인 사람으로 만들기 위해 그들을 별로 중요하지 않은 사소한 일에도 순종하게 한다. 그런 자녀는 삶의 중요한 문제에 대해서도 순종할 것이다.

따라서 자신의 교만을 제거하길 원하는 사람은 정당하게 받을 만한 칭찬에도 귀기울이지 말아야 한다. 어떤 경우에는 부당하게 비판당했을 때에도 자신을 옹호하려 하지 말아야 한다. 그 비판이 자신의 행위나 덕성에 대한 것이 아니라, 자신의 지혜에 대한 것이라면 특히 그러하다.

마찬가지로 증오심을 통제하려는 사람은 누군가로부터 상처를 받았을 때 다른 사람에게 하소연하지 않는 것이 지혜로울 것이다. 자신의 혀를 통제하길 원한다면 침묵과 고독에 익숙해져야 한다. 때로는 시편 기자처럼 혀를 어느 정도 통제할 수 있을 때까지는 "잠잠하여 선한 말도 발하지" 아니해야 한다. 시 39:2.

우리는 자연적인 반응을 억제하며 자신의 욕구들을 어느 정도 통제할 수 있다. 그러나 거기서 멈춰서는 안 된다. 그것들을 통제하는 것만으로는 부족하다.

세상 사랑을 삼가야 한다

우리가 다음으로 기울여야 할 노력은 물질주의와 이 세상의 쾌락으로부터 마음을 떼어놓는 것이다. 이들은 우리를 끌어내리고, 영혼을 억압하며, 하나님을 향한 성장을 지체시킨다. 우리가 세상적인 쾌락의 공허함을 깨달을 때 그것을 멀리할 수 있다.

이것은 누구나 얘기하는 흔한 주제이다. 하지만 그 얘기를 진정으로 믿는 사람은 거의 없다. 개념들은 우리의 머리 속에 맴돌다가 혀를 통해 빠져 나가지만, 우리가 믿는 체하는 진리는 우리 마음을 사로잡지 못한다. 우리는 이 세상의 모든 영광과 쾌락이 헛되다는 것을 알고 있지만 여전히 우리의 생각을 온통 차지하고, 우리의 심령을 속박하며, 더 나은 것들로부터 우리를 차단시키고, 또한 많은 죄악으로 이끈다.

때로 우리는 하나님을 위한 삶에 대해 진지해지고, 세상 것들을 무시하며, 더 이상 그것들에게 속지 않겠다고 다짐한다. 하지만 다음 시험을 만나면 이런 기분은 좀처럼 유지되지 못한다. 우리가 현관문을 닫아서 들어오지 못하게 된 것들이 창문을 넘어 들어온다.

죄는 여전히 기만적인 약속을 제시한다. 이 세상의 허망한 약속들로 인해 거듭 낙심한 후에도 여전히 같은 실수를 반복한다. 상황이 약간만 바뀌면 우리는 예전에 그런 경험을 해 본 적이 전혀 없음에도 불구하고, 죄 속에서 참된 만족과 기쁨을 발견할 것이라는 기만적인 생각에 빠져든다. 만일 우리가 이 세상으로부터 진정 자유로워지며 세상의 허망한 쾌락을 진정으로 혐오하게 된다면, 영적 여정에서 큰 걸음을 내딛을 수 있을 것이다.

하지만 사람의 영혼 속에는 소멸되지 않는 심한 갈증이 있다. 그 영혼의 갈망을 채우기 위해 무엇인가를 늘 붙잡으려 하는 보이지 않는 불이 있다. 그것은 무엇이 자신을 행복하게 해줄 것인지 늘 탐색한다.

만일 우리의 마음이 이 세상과 쾌락으로부터 철저히 멀어질 수 있다면, 뜨거운 욕구를 만족시키기 위해 보다 높고 숭고한 대상을 곧바로 추구하기 시작할 것이다. 만일 더 이상 이 세상의 공허한 영광으로 인해 눈이 멀지 않는다면, 하나님께 눈을 고정시킬 것이다. 그분 안에서 자신의 가장 깊은 갈망을 만족시키는 아름다움과 기쁨을 발견하게 될 것이다. 그럴 때 하나님께서는 우리의 가장 깊은 사랑과 헌신의 대상이 되신다.

이 세상을 향한 사랑과 하나님을 향한 사랑은 마치 저울과 같다. 이들 중 하나가 내려가면 다른 하나가 올라간다. 이 세상 것들이 우리의 마음속에서 높아질 때 믿음은 약해지고 쇠퇴하기 시작한다. 반면에 그것들이 아름다움을 잃고 시들해지기 시작할 때 우리의 심령은 평정을 되찾으며 그것을 추구하지 않는다. 바로 그때 은혜의 씨앗들이 우리의 심령 속에 뿌리내리며, 하나님의 생명이 우리 영혼 안에 풍성해지기 시작한다.

이 때문에 이 세상의 쾌락이 얼마나 허망하고 헛된지 깨닫는 것은 매우 중요하다. 이 세상 것들을 사랑하지 않도록 우리의 심령을 다잡아야 한다. 이 일을 위해 이 세상의 쾌락이 헛되다는 것을 깨닫게 해주는 상식, 믿음, 우리 자신과 다른 사람들의 경험 등을 모두 숙고해야 한다. 이들을 거듭 숙고하며 온전한 자각에 이를 때까지 우리의 생각을 이 진리에 집중시켜야 한다.

우리는 자신의 추구사항과 계획들을 멈추고서 왜 이 모든 일을 하는지 자문해 볼 필요가 있다. 우리의 목표는 무엇인가? 부나 명성이나 죄가 우리 영혼을 만족시킬 수 있다고 생각하는가? 이 일들을 이미 시도해 보지 않았는가? 내일에는 이들이 어제 주었던 것보다 더 큰 기쁨이나 만족을 줄 것인가? 내년에는 이들이 작년에 주었던 것보다 더 큰 행복을 줄 것인가?

지금 추구하는 것과 예전에 추구했던 것이 다를 수도 있다. 하지만 현재 추구하는 것을 접하기 전에는 예전에 추구했던 것이 모든 면에서 유망해 보였다. 마치 무지개처럼 멀리서는 영예로워 보였다. 그러나 가까이 다가섰을 때 그것은 공허하고 허망할 뿐이었다. 인생이 보다 높은 무엇인가를 얻지 못하면 그의 삶은 허망해질 것이다.

훈련을 진전시켜야 한다

세상적인 것들을 향한 욕구가 어느 정도 억제되면, 우리는 하나님의 생명을 일깨우는 훈련에 들어가야 한다. 먼저 기독교 신앙이 요구하는 임무들을 실행하기 위해 그리고 그리스도의 생명이 우리의 심령을 주관할 때 우리가 하길 원하는 것들을 실행하기 위해 진지하게 노력해야 한다.

만일 우리가 지금 당장 자신의 영혼을 바꾸지 못한다면, 적어도 외적인 행동이라도 통제하려고 노력해야 한다. 비록 우리의 심령이 하나님의 사랑으로 불타오르지 않더라도 교회에 출석하고, 하나님 말씀에 귀 기울이며, 그분을 찬양하고, 다른 사람들을 격려하여 그분을 섬기게 함으로써 하나님께 헌신해야 한다.

설령 다른 사람들을 향한 사랑과 긍휼이 우리에게 부족하더라도 그들에게 선을 행할 기회를 포기하지 말아야 한다. 설령 우리의 마음이 교만과 자만으로 가득하더라도 겸손해지려는 노력을 계속해야 한다.

이 같은 외적인 행실이 그 자체로는 별 가치가 없겠지만 더 나은 것을 향해 나아가도록 도와줄 수는 있다. "육체의 연습은 약간의 유익이" 있다고 바울이 말했다 딤전 4:8. 그는 육체의 연습이 전적으로 무익하다고 하지 않았다.

우리가 할 수 있는 것을 하는 것은 늘 유익한 일이다. 하나님께서 우리의 연약함을 불쌍히 여기시며, 우리의 연약한 노력을 도우시는 것이 바로 그때이기 때문이다.

이 노력들이 중요한 또 다른 이유는 참된 사랑과 겸손이 우리의 심령 속에 뿌리내릴 때 이 노력들 덕분에 그리스도인의 삶을 살아가기가 더 쉬워질 것이기 때문이다.

위선자라는 비난을 두려워할 필요는 없다. 설령 우리의 행동이 마음보다 앞서더라도 그것은 책임감에서 나온 것이며, 우리 자신의 실제 모습보다 더 낫게 보이길 원하는 것이 아니라 자신의 마땅한 모습이 드러나길 원하기 때문이다.

하나님을 향한 사랑을 개발하려고 노력해야 한다

마음으로부터 나오는 행동이 심령에 더 직접적인 영향을 미친다. 이런 행동은 영혼을 합당한 모습으로 형성시킨다. 따라서 우리가 종종 실행해야 할 일들이 있다. 만일 전심으로 하나님을 사랑한다고 말할 수 없다면 적어도 우리가 그렇게 해야 한다고, 그렇게 하면 몹시 기쁠 것이라고 고백할 수는 있어야 한다.

하나님의 이름에 먹칠하는 죄악된 사람들의 모습을 볼 때 우리의 심령은 상해야 한다. 반면에 천국에서 천사들과 성도들이 하나님께 찬양과 경배드리는 모습에는 박수갈채를 보내야 한다.

우리는 항상 하나님의 율법과 뜻에 복종해야 한다. 설령 우리의 완악한 심령이 그분을 거역하더라도, 그분의 뜻이 늘 의롭고 선하다는 점을 고백해야 한다. 이것이 사실이므로 우리는 자신이 좋아하든지 좋아하지 않든지, 하나님께서 기뻐하시는 대로 무엇이든 우리에게 행하시길 기꺼이 원해야 한다.

만인을 향한 사랑을 개발하기 위해 우리는 친분 있는 모든 이들의 행복을 자주 간구해야 한다. 가난한 자들에게 선물을 줄 때 우리는 그들을 보살피고, 그들을 모든 곤경으로부터 구원해 달라고 하나님께 진지한 간구를 드려야 한다.

이 일들은 경건에 이르는 길이다. 우리가 가진 능력을 활용할 때, 하나님의 성령이 개입하셔서 우리의 행동을 더 높은 수준으로 끌어올리시며 거기서 하나님의 자취를 느끼게 하신다. 이 일들을 자주 그리고 반복적으로 하면 더 자유롭고 쉽게 해 나갈 수 있는 자신을 발견할 것이다.

4. 묵상은 강력한 도구이다

거룩성과 경건을 개발하기 위한 방편들을 더 언급하려 한다. 먼저 기독교 신앙의 중요성과 진실성에 관해 깊이 있게 그리고 진지하게 생각하는 것이다. 대부분의 사람이 하나님의 진리에 대해 생각하는 내용은 매우 미약하고 무효하다. 단지 유행하고 있다는 이유 때문에 기독교 신앙을 맹목적으로 따르는 어떤 사람들에게서 우리는 이 같은 부주의한 생각을 엿볼 수 있다. 사실 그런 사람들은 자신의 신앙이 참된지의 여부에 대해서는 관심이 없다.

대체로 사람들은 자신의 문화권에서 받아들여지는 종교에 대해 이견을 보이지 않길 원한다. 따라서 이웃들이 그리스도인이면 그들 자신도 그리스도인으로 불리고 싶어한다. 하지만 그들은 그리스도인의 증거에 대해서는 거의 생각하지 않으며, 그것이 자신의 삶에 어떤 의미를 지니는지도 고려하지 않는다.

그들의 신앙이 삶을 변화시키지 않는 것도 바로 그 때문이다. 어떤 사람이 올바로 지적했듯이 이런 신앙은 생기가 없고 아무도 움직이지 못한다. 생각이 없는 신앙은 어떤 사람의 의지를 움직이거나 그 심령을 변화시키지 못한다.

따라서 하나님의 진리에 관한 참된 믿음과 온전한 확신을 개발해야 한다. 하나님의 진리가 옳음을 확신할 때까지 그리고 그것이 우리의 심령을 변화시킬 때까지 곰곰이 생각해야 한다. 우리의 영혼을 영적 세계로 향하게 하며, 마음을 위에 있는 것들에 고정시킬 필요가 있다. 이것들은 환상이 아닌 반면에 다른 모든 것은 꿈과 그림자일 뿐임을 분명히 알 때까지 그렇게 해야 한다.

우리는 주변을 둘러보고서 피조세계의 아름다움과 경이로움과 질서와 조화를 볼 때, 만물을 지으시고 그 권능과 선하심으로 만물을 붙드시는 창조주께로 우리의 생각이 향해야 한다. 인류를 생각할 때 인간은 단지 유기적인 물질의 한 부분이나 정교하게 설계된 기계가 아님을 자각할 필요가 있다. 우리에게는 혈육 그 이상의 것이 있다. 우리 속에는 창조주를 알고 사랑하며 즐거워할 수 있는 역량이 있다. 비록 우리 영혼은 지금 죄악된 육신에 눌려 있지만 머지않아 혈육으로부터 자유로워질 것이다.

또한 우리의 생각은 이 땅의 어리석음과 죄와 고통으로부터 돌이켜 천국과 그 영광으로 향할 수 있다. 그곳은 성도와 천사들이 하나님의 임재 가운데 영원히 살아가며 기쁨과 사랑으로 가득하다. 그때 우리는 어떻게 하나님의 아들이 하늘에 있는 자들의 기쁨을 우리에게도 가져다 주기 위해 그 아름다운 세계를 떠나 이 땅에 오셔서 살며 죽으셨는지 생각할 수 있을 것이다.

어떻게 그가 죽음의 고통을 극복하시고 모든 믿는 자들에게 천국의 문을 열어 주셨는지 생각해 보라. 그는 높은 위엄의 보좌에 앉으셨고 지금도 우리를 위해 기도하신다. 매일 교회에 성령을 보내신다. 이는 마치 태양이 빛과 온기를 우리에게 비추는 것과 같다.

하나님의 탁월성에 대해 생각해야 한다

하나님의 진리에 관해 자주 그리고 진지하게 생각하는 것은 살아 있는 믿음을 얻기 위한 최선의 방법이다. 이 살아 있는 믿음은 기독교의 기초이며, 사람의 영혼 속에 있는 하나님의 생명의 뿌리이다.

이제 하나님의 생명의 열매들을 맺게 해줄 몇 가지 묵상주제들을 살펴보려 한다.

먼저 우리의 심령을 하나님의 사랑으로 불태우기 위해 하나님의 영광과 우리를 위한 그분의 사랑의 위대성을 생각해야 한다. 하나님의 영광에 관한 지식은 너무나 미약하지만, 우리가 아는 것만으로도 우리의 영혼을 놀라움과 사랑으로 채우기에 충분하다. 우리는 단지 육체의 감각만을 지닌 피조물이 아니다. 그런 피조물은 자신의 눈에 보이는 것 외에는 사랑하지 못할 것이다.

우리 모두는 직접 본 적이 없는 누군가가 자신의 마음을 사로잡을 수 있다는 것을 안다. 우리가 이런 사람들에게 사로잡히는 이유는 과연 무엇일까? 이는 그들의 피부색이나 외적인 아름다움 때문이 아니다. 만일 그런 것이 우리를 매혹한다면 우리는 조각상이나 그림이나 꽃들과 더불어 사랑에 빠질 것이다. 육체의 아름다움은 눈을 즐겁게 하지만, 그것이 진정한 영광을 드러내지 않는다면 우리의 심령을 사로잡지는 못한다.

우리가 그들을 사랑하는 것은 그들 속에서 어떤 영적 힘이나 지혜 또는 선을 보기 때문이다. 우리를 매료시키며, 우리가 그들을 사랑하도록 만드는 것은 그들의 성품이다. 이것은 육체의 눈에는 보이지 않는다. 우리의 눈은 그들의 성품을 통해 외적으로 드러나는 결과를 볼 수 있을 뿐이다.

만일 어떤 사람의 보이지 않는 속성이 우리를 매료시킬 수 있다면, 하나님의 아름다우신 성품을 진지하게 생각할 때 우리의 심령은 그것에 매료될 수밖에 없을 것이다. 하나님의 선하심과 지혜는 우주를 가득 채우고 있다. 그분의 영광이 피조세계의 모든 부분에서 드러난다.

종종 우리가 사람들에게서 희미하게 반영되는 하나님의 영광에 매료된다면 그 영광 자체에 의해서는 더욱 감동을 느껴야 하지 않겠는가? 우리가 불완전하며 조잡한 그림조각들을 사랑한다면 그 원본의 아름다움에는 더욱 매료되어야 하지 않겠는가? 그렇게 하지 않는 것은 어리석은 무지 때문이다.

우리는 다른 사람에게서 발견되는 아름다움에 마음을 빼앗겨서는 안 된다. 그 아름다운 모습이 우리의 심령을 하나님에 대한 사랑으로 이끌어야 한다. 한 방울의 물이 그토록 감미롭다면 샘물 전체는 훨씬 더 감미로울 것이라는 결론에 도달해야 한다. 한 줄기 햇빛이 그토록 찬란하다면 태양 전체의 광채는 어떠하겠는가?

우리는 하나님께서 너무 멀리 계셔서 우리의 말을 듣거나 사랑을 받지 못하신다는 식의 핑계를 대지 못한다. "그는 우리 각 사람에게서 멀리 떠나 계시지 아니하도다 우리가 그를 힘입어 살며 기동起動하며 있느니라"행 17:27-28. 우리가 눈을 뜰 때마다 그분의 영광의 자취들을 보기 마련이다. 그분께로 눈을 돌리려면 그분이 우리와 더불어 친교를 나누기 위해 우리를 뒤쫓으시며, 우리의 눈길을 기다리고 계시다는 사실을 깨달아야 한다.

따라서 하나님의 성품과 영광을 분명하게 이해하기 위해 생각을 집중해야 한다. 하나님에 관해 그분의 사역이 선언하는 모든 것을 그리고 그분의 말씀이 계시하는 모든 것을 숙고할 필요가 있다. 특히 하나님의 아들을 통해 우리에게 주어진 계시에 대해 생각해야 한다. 그는 "하나님의 영광의 광채시요 그 본체의 형상"이시다 히 1:3. 예수 그리스도께서 이 세상에 오셔서 하나님께서 어떤 분이신지 그리고 우리가 어떤 존재여야 하는지 계시하셨다.

복음서에서 그리스도의 생애에 관해 읽을 때 우리는 인간의 육체에 감추인 하나님의 영광을 본다. 복음서를 통해 무한한 권능과 지혜와 선을 지니신 한 인간의 모습을 분명하게 엿볼 수 있다. 거기서 모든 영광의 주인이며 원천이신 분을 본다. 우리의 영혼의 눈을 그분께 고정시켜야 한다. 마음의 눈을 뜨고 깊은 묵상에 들어갈 때 우리의 심령이 뜨거워질 것이다 시 39:3 참조.

하나님의 사랑을 생각해야 한다

우리는 하나님께서 얼마나 좋으신 분인지를 묵상하기 위해 특별한 노력을 기울여야 한다. 우리가 하나님의 사랑을 받고 있다는 것은 참으로 감동적인 사실이다. 누군가가 호감을 표할 때마다 우리는 기쁨을 느낀다. 그가 평소에 버릇없는 사람이라고 해도 마찬가지이다. 그러므로 하나님께서 우리를 사랑하며 돌보신다는 사실은 우리에게 큰 기쁨일 수밖에 없다. 그분의 사랑이 우리의 영혼을 사로잡고, 마음을 녹이며, 영혼에 헌신의 불을 지핀다.

성경은 우리를 향한 하나님의 사랑을 전할 뿐만 아니라, 하나님의 모든 사역들도 그 사랑을 선포한다. 하나님께서는 우리에게 생명을 주시며, 숨쉬는 순간마다 생명을 새롭게 하신다. 하나님께서는 필요한 모든 것이 구비된 세상에 우리를 두셨다. 하늘로부터 축복을 내려 보내시고, 땅에서 양식이 나게 하신다.

그분은 우리에게 의복과 집을 주신다. 우리가 한해의 양식을 사용하는 동안 다음 해를 위해 준비하신다. 그리고 삶을 안락하게 해주는 여러 가지 위안과 즐거움을 제공하신다. 하나님께서는 항상 우리를 살피시고 필요한 것들을 헤아리신다. 우리가 잠들어 그분의 임재를 느끼지 못할 때에도 보살피신다.

어떤 사람은 이런 사실들이 하나님의 사랑을 증거하는 것은 아니라고 생각할 수도 있다. 그 이유는 하나님께서 별 어려움도 없이 이런 혜택을 베푸실 수 있기 때문이라는 것이다. 하지만 그렇게 믿기 전에 당신은 하나님께서 우리를 얼마나 끔찍이 보살피는지 분명히 보여 주신 사실을 기억해야 한다. 그는 우리를 위한 고난을 통해 자신의 사랑을 확증하셨다.

하나님께서는 자신의 특성상 고난받으실 수 없기 때문에 우리의 모습을 취하셨다. 하나님의 영원한 아들이 하늘과 천사들의 찬양을 뒤로 하고서 친히 인간의 육체를 입고 사람들 가운데 거하셨다. 그는 이 세상에 와서 인류의 완악한 반역과 더불어 씨름하셨다. 인생의 어리석음을 지적하시고, 우리 죄를 위해 죽음으로써 새롭고 생명이 있는 길을 제시하셨다.

한 시인은 어떻게 자신이 오랜 저항 끝에 하나님의 사랑에 매료되었는지를 창조적인 표현으로 묘사했다. 하나님께서 온갖 금화살들을 그에게 쏘셨지만 결코 그의 마음은 뚫리지 않았다. 마침내 하나님께서는 자신을 마치 화살처럼 활 시위에다 걸고서 그 시인의 가슴을 향해 쏘셨다. 나는 하나님께서 우리를 위해 취하신 방법이 이와 같다고 생각한다.

오랫동안 하나님께서는 완악한 세상과 더불어 씨름하셨다. 많은 축복을 세상에 보내셨다. 어떤 선물로도 우리의 반역을 억제할 수 없었을 때 하나님께서는 자신을 선물로 삼으셨다. 이 선물은 그분의 크신 사랑을 입증해 주며, 인생들의 심령을 사로잡는다.

복음서는 우리를 위한 그리스도의 사랑에 관한 이야기이다. 그가 당하신 모든 고통과 곤경은 그 사랑의 열매요 증거였다. 가장 큰 증거는 그의 생애의 마지막 장면이었다. 십자가를 보고서도 그의 사랑을 의심하거나 부인할 수 있을까?

우리가 가장 진지한 관심을 집중해야 할 것이 바로 십자가이다. "믿음으로 말미암아 그리스도께서 너희 마음에 계시게 하옵시고 너희가 사랑 가운데서 뿌리가 박히고 터가 굳어져서 능히 모든 성도와 함께 지식에 넘치는 그리스도의 사랑을 알아 그 넓이와 길이와 높이와 깊이가 어떠함을 깨달아……" 엡 3:17-19.

또한 하나님께서 우리에게 보여 주신 은혜와 사랑의 모든 행위를 잊지 말라. 우리의 어리석은 행동과 죄악들을 그가 얼마나 오래 참으셨는지 기억하라. 하나님께서는 우리의 완고한 심령들과 더불어 씨름하는 과정에서 인내와 자비를 보여 주셨다. 우리를 회복시키기 위해 온갖 방법을 다 동원하셨다.

당신은 하나님께 받은 그 모든 축복을 그리고 그분이 얼마나 여러 차례에 걸쳐 곤경으로부터 구해 주셨는지 생각해 본 적이 있는가? 이 축복들 중에는 단순한 우연의 산물이 아님을 분명하게 입증해 주는 것도 있었다. 그것들은 하나님의 은혜로우신 손길에 의해 그리고 기도 응답으로 주어졌다.

또한 하나님께서 이렇게 하신 것이 우리의 죄책감을 더하게 하거나 징벌을 더욱 심해지게 하시기 위함이라고 하는 어리석은 생각을 하지 않았으면 한다. 하나님께서는 사랑이시며, 자신의 피조물을 파괴하는 것을 결코 기뻐하지 않으신다.

만일 우리가 그분의 선하심을 악용하고 그분의 은혜를 범죄의 기회로 삼는다면, 그 잘못은 그분께 있는 것이 아니라 우리에게 있다. 만일 우리가 죄악 속에 더 깊이 빠져든다면, 그것은 우리 마음의 완악함 때문이다. 하나님께서는 우리가 당신의 은총을 범죄에 악용하는 것을 원하지 않으신다.

하나님의 위대하심과 사랑에 관해 앞에서 언급한 내용을 명심할 때, 우리 심령 속에 하나님을 향한 사랑이 싹틀 것이다. 그 결과로 인간의 영혼 안에 있는 하나님의 생명의 다른 열매들을 맺는 일이 더욱 쉬워질 것이다. 사실이 그러하므로 여기서 더 이상 언급할 필요가 없을 것 같다.

이웃을 사랑하는 법을 배워야 한다

다른 사람들도 하나님의 형상을 따라 지음받은 존재라는 사실을 생각할 때 우리는 그들을 사랑하는 법을 배워야 할 것이다. 모든 사람은 하나님의 작품이다. 하나님께서는 그들 각자에게 특별한 사랑과 관심을 지니고 계신다. 그분은 세상의 기초가 놓이기 전부터 그들을 행복하게 해줄 계획을 세우셨다. 하나님께서는 영원토록 기꺼이 그들과 더불어 친밀한 교제를 나누며 사실 것이다.

우리의 생각 속에 떠오르는 가장 나쁜 사람도 여전히 지고하신 분의 자녀이다. 어떤 사람이 아무리 사악하게 행동해도 하나님께서 마지막 심판을 통해 그와의 관계를 끊으시지 않는 한, 그분은 우리가 그 사람에게 잘 대해 주길 원하실 것이다. 신실하고 친절한 사랑으로 포옹하길 원하신다.

우리가 사랑하는 사람의 가족을 배려하는 것은 자연스러운 일이다. 친구의 자녀를 행복하게 만들어 주기를 기뻐한다. 마찬가지로 만일 우리가 하나님을 진정으로 사랑한다면, 그분의 자녀들을 사랑하려고 노력해야 한다. 하나님께서 그들을 사랑하신다고 하는 이유 하나만으로도 우리는 그들을 사랑해야 한다.

하나님께는 이 세상의 모든 부귀보다도 각 사람의 영혼이 더 귀하다. 그들이 너무나 소중한 까닭에 하나님께서는 그들을 구원하기 위해 독생자의 피를 대가로 지불하기까지 하셨다. 그런데 우리가 어떻게 그들을 귀하게 여기지 않을 수 있겠는가?

모든 사람이 하나님에 의해 피조되었기 때문에 모두에게 그분의 형상이 새겨져 있다. 그러기에 우리는 그들을 사랑해야 한다. 어떤 사람들에게서는 하나님의 형상이 보다 뚜렷하여 그들 속에서 하나님의 지혜와 선하심을 쉽게 엿볼 수 있다. 또 어떤 사람들의 경우에는 죄로 인해 하나님의 형상이 왜곡되고 손상된 상태이다. 하지만 그것은 완전히 훼손되지는 않았고 약간의 흔적이 여전히 남아 있다.

모든 사람은 이성적이고 불멸하는 영혼을 지니고 있다. 또한 모든 이들은 큰일을 할 수 있는 마음과 의지를 지니고 있다. 그들이 죄로 인해 혼란에 빠져 있다면, 우리는 그들을 미워할 것이 아니라 불쌍히 여겨야 한다.

비열하고, 어리석고, 교만한 사람이나 상스러운 말을 하는 사람을 사랑하는 것은 힘든 일이다. 이들은 영혼의 병에 걸린 상태이다. 악한 자도 성도처럼 지혜롭고 선해질 수 있다. 그의 영혼도 천국에 적합할 정도의 영광스러운 수준에 이를 수 있다. 우리가 이 사실을 자각하면 혐오감이 동정심으로 바뀔 것이다. 이런 태도는 죄악된 영혼을 바라볼 때 끔찍한 질병에 의해 손상된 몸을 지닌 사람을 보는 것과 똑같은 감정을 갖게 할 것이다. 죄는 미워하되 죄인에 대해서는 여전히 사랑하는 마음을 가질 필요가 있다.

자신의 존귀성을 알면 정결한 삶을 사는 데 도움이 된다

우리의 성품이 존귀하다고 생각하는 것은 이 세상과 세상의 죄악된 쾌락을 사랑하는 마음에서 자유케 해준다. 사람은 하나님의 형상으로 지음받은 고귀한 피조물이다. 그러므로 우리가 죄 가운데 빠지는 것은 수치스러운 일이다. 사람은 더 높은 것들을 위해 지어졌다. 이 세상 것들은 우리의 참된 기쁨과 희락을 앗아 갈 뿐이다.

우리 속에 있는 야수성을 살찌우고 영을 굶겨서는 안 된다. 자신이 어떤 존재이며, 왜 창조되었는지 깨달을 수만 있다면 우리는 올바른 자아존중심을 가질 것이다. 이런 식으로 우리 자신을 알면 우리 속에 참되고 거룩한 겸손이 싹틀 것이다. 가장 사소한 세상적인 쾌락들에 대해서도 매우 조심하게 될 것이다.

천국의 기쁨들을 생각하라

하늘과 거기서 우리를 기다리고 있는 기쁨에 관해 생각하는 것은 매우 유익한 일이다. 하늘에는 "영원한 즐거움"이 있다 시 16:11. 이 같은 묵상의 힘에 대해 성경은 다음과 같이 말한다. "주를 향하여 이 소망을 가진 자마다 그의 깨끗하심과 같이 자기를 깨끗하게 하느니라" 요일 3:3. 만일 항상 영원한 집을 생각한다면, 진정 우리는 "영혼을 거스려 싸우는 육체의 정욕을" 제어해 나갈 것이다 벧전 2:11. 천국에 대한 생각은 "세속에 물들지" 않도록 약 1:27 우리를 도와주며, 천국의 희락과 기쁨을 누릴 준비를 갖추게 할 것이다.

천국을 지상적이거나 육욕적인 개념으로 이해하지 않도록 주의할 필요가 있다. 천국을 묘사하는 그림들만을 의지해서는 안 된다. 만일 천국을 그런 식으로만 생각한다면, 그것은 육욕적인 성향을 부추길 수 있다. 그 결과 자신이 생각하는 천국을 미리 맛보는 일에 몰두할 수도 있다.

우리는 천국의 즐거움이 거룩하고 영적임을 자각할 필요가 있다. 우리의 마음이 천국기쁨에 대한 참된 생각으로 가득해질 때, 이 땅의 모든 것은 공허하게 보일 것이다. 그럴 때 우리는 천국의 기쁨을 앗아 가거나 어떤 식으로든 그것을 받지 못하게 만드는 세상적 쾌락을 거부할 것이다.

겸손

하나님의 생명의 열매들 중 마지막으로 살펴볼 것은 '겸손'이다. 우리는 겸손해야 할 이유들이 많다. 모든 사악함과 어리석음과 죄악은 우리 자신에 대해 갖는 모든 교만한 생각들을 접게 한다.

다른 사람들은 우리 속의 자그마한 선을 보고서 존경하기도 한다. 하지만 그들은 우리 속의 여러 가지 죄악들에 대해 모르고 있다. 만일 우리의 참모습을 안다면 곧바로 생각을 바꿀 것이다. 찬사를 받을 때 마음속에 일어났던 생각들을 공개적으로 드러낸다면 우리는 미움이나 조롱을 당할 것이다.

우리는 자신의 실패들을 상대방에게 감출 수는 있지만, 자신은 여전히 그것들을 자각하고 있다. 우리가 그것들을 진지하게 생각하면 교만이 많이 제거될 것이다.

매우 경건한 사람들은 대개 자신을 다른 사람들보다 더 허물 많은 존재로 여긴다. 이는 그들의 죄가 다른 사람들의 죄보다 더 심해서가 아니다. 다만 다른 사람들의 실패보다 자신의 실패를 더 많이 자각하기 때문이다. 그들은 자신의 죄로 인해 야기된 모든 고통을 자각한다. 하지만 다른 사람들의 잘못을 고려할 때에는 그로 인한 고통을 제거하도록 도와줄 생각만 할 뿐이다.

한 작가가 정확히 지적했듯이 가장 깊은 겸손은 자신의 실패에 관해 생각하는 데에서 나오는 것이 아니다. 하나님의 거룩성과 순전하심을 생각할 때 가장 겸손해진다. 그분의 임재의 빛 가운데 있을 때 우리 삶의 얼룩들이 분명하게 드러난다. 하나님의 눈을 통해 자신을 볼 때 우리의 실상을 더 정확히 파악할 수 있다. 우리가 그분을 볼 때 자신의 경건이 너무나 보잘것없음을 자각하게 된다. 자신의 죄를 자각할 때 생기는 겸손과는 달리 하나님의 영광을 볼 때 생기는 겸손은 한결 자연스럽다.

5. 기도는 하나님께로 가까이 이끈다

열렬하고 진심 어린 기도는 거룩한 변화를 도와주는 또 다른 훈련방법이다. 거룩성은 하나님의 선물이다. 사실 그것은 우리가 그분으로부터 받을 수 있는 가장 큰 선물이다. 간구하는 자들에게 성령을 주겠다고 약속하셨을 때 하나님께서는 이 선물을 줄 것을 확언하신 셈이다.

기도할 때 우리는 하나님의 존전으로 나아가며, 그분의 영향력을 받아들인다. 기도 중에 그리스도께서 영광의 빛으로 우리를 축복하신다. 그 영광의 빛이 죄악의 어둠을 몰아내며, 그분의 형상을 우리의 영혼에 새긴다.

이 주제를 다룬 책들이 허다하기 때문에 기도방법이나 기도의 유익에 대해서는 굳이 상세하게 설명할 필요가 없을 것이다. 여기서는 말로 표현하는 기도에 대해서는 언급하지 않을 것이다. 음성을 사용하는 기도가 있듯이 아무런 소리도 내지 않는 기도도 있다. 이런 기도에서는 하나님께 아뢰고 싶은 말이나 표현을 마음속으로 고한다.

그런가 하면 어떤 말로써 표현하지도, 생각하지도 않는 기도도 있다. 오래도록 힘겹게 하나님을 생각한 후에 오직 한숨과 신음만을 발할 수밖에 없는 경우가 있다. 말로 표현하기에는 너무 깊은 생각들도 있다.

하나님의 영광에 관해 깊이 생각하고 그분의 위엄이 얼마나 위대한지 도저히 표현할 수 없음을 자각할 수도 있다. 혹은 자신의 죄와 실패를 뼈저리게 통감한 후에 수치스럽고 슬픈 심정으로 하나님 앞에 엎드린 채 감히 하늘을 쳐다보지 못하며 한마디 말도 하지 못할 수도 있다.

거룩성에 대해 그리고 성도의 기쁨에 대해 깊이 생각하는 중에 말로 표현할 수 없는 기도로써 하나님을 갈망할 수도 있다. 하나님의 성령의 역사로 말미암아 이런 상태가 지속될 수도 있다.

이런 기도는 우리의 영혼을 정결케 하며 거룩하게 자라도록 돕는 데 가장 효과적이다. 심지어 신앙의 위대한 비결이라고 부르기도 한다. 아마 바울은 이것을 염두에 두고서 "성령도 우리 연약함을 도우시나니……말할 수 없는 탄식으로 우리를 위하여 친히 간구하심이니라"롬 8:26고 말했을 것이다.

이런 기도가 다른 모든 종류의 기도를 대체해서는 안 된다. 기도주제들이 다양하며 이런 기도는 많은 시간과 노력을 필요로 하기 때문에 매번 이렇게 기도한다는 것은 쉬운 일이 아니다. 하지만 이 같은 내면적이며 진지한 기도가 요구되는 어떤 상황에서는 이런 기도가 우리 영혼에 큰 유익을 줄 것이다.

6. 성찬을 통해 얻는 유익

앞에서는 영혼의 지속적인 변화를 도모하는 데 도움이 되는 방법들을 간략히 제시했다. 이것들은 우리의 영혼을 강건케 하며 자라게 하기 위해 활용되어야 한다. 이제 나는 그 목적을 위한 훈련을 하나 더 추천하려 한다. 바로 성찬을 자주 활용하는 것이다.

성찬은 영적 생명을 양육하기 위해 마련되었다. 그리스도인의 삶의 모든 훈련들은 성찬을 통해 함께 결합된다. 그 자리에서 우리는 앞에서 언급된 다른 모든 훈련들을 실행에 옮길 수 있다.

성찬에 참예하는 동안 우리는 자신의 자격요건을 엄격히 살피고, 자신의 생각을 하늘로 향하게 하며, 이 세상 것들을 경멸하고 싶은 느낌을 갖는다. 우리 안의 모든 은혜가 강력하게 작용한다. 앞에서 제시된 모든 묵상주제들이 성찬 과정에서 우리의 생각 속에 떠오른다. 이 때문에 그것은 우리에게 큰 유익을 준다.

성찬에 참예하는 동안 우리는 천국을 향해 큰 진전을 보인다. 반면에 성찬을 무시하거나 성찬에 부주의하게 참예하면, 그것은 영적 성장의 주요 장애요인들 중 하나로 작용한다.

이 편지를 마무리할 시점이다. 편지내용은 내가 예상했던 것보다 훨씬 더 길어졌다. 이 내용이 친구에게 조금이나마 도움을 줄 수 있다면 행복할 것이다. 또한 친구가 나의 노고를 받아들였으면 한다. 나는 친구에게 많은 것을 빚진 사람이다.

P · R · A · Y · E · R

영혼을 강건케 하기 위한 기도

지극히 은혜롭고 자애로우신 하나님 아버지, 우리가 얼마나 행복할 수 있는지 그리고 그 행복에 이르는 방법을 우리에게 보여 주셔서 감사합니다.

우리의 영혼 속에 그 행복을 바라는 강렬한 욕구를 일으키셔서 전심으로 그것을 추구하게 하소서. 우리 자신의 힘을 신뢰하거나 주의 도우심을 의심하지 않게 하소서. 최선을 다하는 가운데 주를 의지하도록 가르쳐 주소서.

우리의 눈을 여시고, 주의 율례로 우리를 가르치소서. 우리의 임무를 분명하게 깨닫게 하시며, 악한 것을 분별할 수 있는 마음을 허락하소서. 주의 율법을 지키게 하소서. 우리가 주의 명령을 존중할 때 수치를 당하지 않을 것입니다.

이 세상에서 제시하는 허망한 쾌락들의 유혹을 물리치는 거룩한 반감으로 우리의 심령을 채우소서. 이 쾌락들에 이끌려 죄악을 범하지 않도록 도와주소서. 우리의 눈을 이 세상의 헛된 것들로부터 돌이키시며, 주의 율례를 붙들게 하소서.

복음을 통해 계시된 주님의 위대한 진리들을 깊이 깨닫게 하소서. 이 진리들이 우리의 삶에 작용하여 걸음을 인도하도록 하소서. 육체 가운데 사는 우리의 삶이 하나님의 아들을 믿는 믿음으로 살 수 있도록 하소서.

주의 선하심과 사랑이 우리의 심령을 주관함으로써 항상 주를 향한 사랑으로 불타오르게 하시며, 만인을 향한 사랑으로 자라게 하소서. 우리의 육신과 영의 모든 더러움을 깨끗이 씻어 주소서. 우리의 거룩성이 성장하길 원합니다. 거룩성이 없이는 우리가 주를 뵙지 못할 것이기 때문입니다.

끝으로 하나님 아버지, 주님에 관한 생각과 우리 자신에 대한 자각을 통해 주 앞에서 겸손하며, 주를 더욱 간절히 사모하게 하소서. 주의 성령의 인도하심에 복종하길 원합니다.

우리를 주의 진리로 이끌며 가르쳐 주소서. 주는 구원의 하나님이시기 때문입니다. 주님의 권면으로 인도하시며, 예수 그리스도의 사역과 기도로 우리를 영광의 나라로 이끌어 주소서. 아멘.

PART 2

거룩한 삶을 위한 규례와 지침
풍성한 생명을 자라게 하는 법

로버트 레이턴

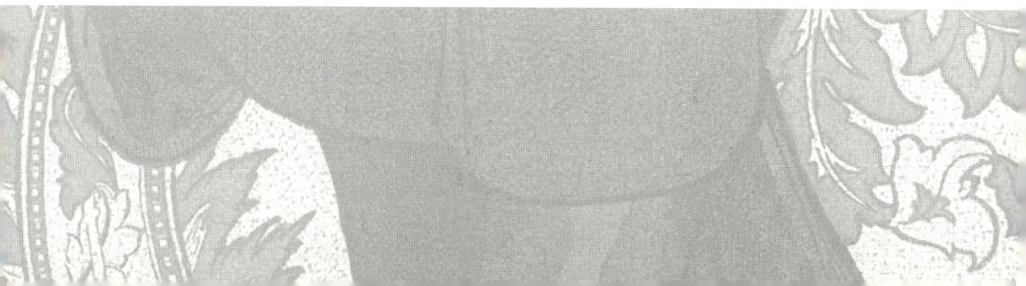

그리스도를 보내셔서 그 삶을 통해 우리에게 친히 본을 보여 주게 하신 주의 자비가 얼마나 놀라운지요! 내가 예수님처럼 될 때까지 그분의 거룩하신 삶을 늘 마음속에 새기길 원합니다. 신적인 생명이 내 영혼에 가득하기까지, 내 속에 그리스도의 형상이 이루어지기까지 부단히 그분을 좇게 하소서. 아멘.

거룩한 삶을 위한 규례와 지침

Rules and instructions for a holy life

거룩한 삶을 위한 규례와 지침

친애하는 친구에게,

영적 성숙에 도움이 되길 바라는 마음에서 이 글을 쓴다. 그리스도인의 성장을 도와줄 영적 훈련과 연습을 몇 가지 추천하려고 한다. 이 훈련들은 인간의 영혼 안에 있는 하나님의 생명을 자라게 하는 데 유용하다. 이를 실행하는 그리스도인은 자신의 밭을 일구어 거기다 씨를 심는 농부와 같다. 그는 열심히 일하고 풍성한 결실을 거두기 위해 최선의 노력을 기울인다. 아울러 선한 농부는 그 수확이 적절한 때에 비와 햇빛을 보내시는 하나님의 은총에 달렸음을 알고 있다.

우리의 영혼 안에 있는 하나님의 생명을 자라게 하기 위해서는 "경건에 이르기를 연습"해야 한다 딤전 4:7. 동시에 하나님께서 은총의 비를 내려 주셔야 한다. 영적 성숙의 열매를 보길 소망하기 전에 우리의 심령이 먼저 하나님의 거룩하신 자비를 경험해야 한다. 즉, 우리가 "두렵고 떨림으로" 구원을 이루어야 하지만빌 2:12, 아울러 하나님의 놀라우신 은총을 전심으로 신뢰해야 한다.

우리가 이생에서 완벽해질 수는 없지만 영적으로 크게 성숙해질 수는 있다. 하나님의 생명은 그 특성상 예수님의 온전하심에 더 가까워지도록 늘 자라야 한다. 어떤 사람들이 다른 이들보다 예수님을 더 많이 닮게 되는 이유는 무엇일까? 분명히 그것은 전심으로 예수님 닮기를 갈망하기 때문이다. 만일 우리가 열렬하게, 열정적으로, 지속적으로 갈망하며, 그리스도를 닮기 위해 겸손히 기도하고 부지런히 노력한다면, 확실히 그렇게 될 것이다.

열정도 없는 훈련을 통해 자신의 삶을 변화시키거나 자신을 성장시킬 수 있을 것이라는 생각은 한 순간도 하지 말라. 영적 훈련 그 자체가 우리를 변화시키는 것은 아니다. 다만 경건을 위한 열정적인 갈망의 표현일 경우에는 영적 성장의 방편으로서 매우 소중하다.

하나님께서는 자비와 선으로 가득하시며, 부지런히 온전함을 추구할 때 우리의 영혼을 영적으로 성장시켜 주신다. 절대적인 완전을 말하는 것은 아니다. 이생에서는 거기에 도달할 수 없기 때문이다. 내가 말하는 것은 거룩성을 더해 가는 경건한 삶의 상대적인 온전함이다.

내가 추천하려 하는 영적 훈련은 바로 이 거룩성의 문을 추구하고, 탐구하며, 두드리기 위한 방법이다. 그러므로 우리가 거룩성을 부지런히 추구한다면 그것을 찾을 것이다. 거룩성을 열렬히 찾으면 그것을 얻을 것이다. 우리가 거룩성의 문을 계속 두드릴 때 그 문은 우리에게 열릴 것이다.

하지만 영적 훈련을 시작할 때 몇 가지 위험들을 경계할 필요가 있다. 이를테면 모든 시간을 개인기도에 할애하느라고 공적 예배를 기피하려 할 수 있다. 영적 훈련을 핑계로 다른 이들을 섬기는 일을 소홀히 해서는 안 된다. 개인적인 영적 훈련은 공적인 봉사로 이어져야 한다. 우리는 주 예수님의 본을 따라야 한다. 그는 홀로 조용한 기도시간을 보내고 나서 공적 사역에 나서셨다.

또한 영적 훈련에 너무 얽매여서는 안 된다. 어떤 훈련들은 잠시 유용하지만 그 다음에는 더 유익한 다른 것을 모색하는 것이 좋을 수도 있다. 성령의 인도하심에 따라 기꺼이 변화를 모색하라. 그리고 조용한 영적 묵상시간에 배운 것을 반드시 삶에 적용하라.

신앙생활이 늘 즐거운 것은 아니다. 그렇다고 해서 낙심하지는 말라. 계속 해 나가기 힘들 때에도 신실함을 유지하라. 만일 당신이 하나님을 영화롭게 해 드리려는 한 가지 이유 때문에 인내한다면 그 노력에 대한 대가를 반드시 받을 것이다.

자신의 실패로 인해 낙심하지 말라. 자신의 결함이나 불완전함이 영적 성장을 방해하지 않게 하라. 주 예수님을 닮으려는 소원과 노력을 굳건히 하라. 항상 가장 좋은 것을 하나님께 간구하고, 가장 좋은 것을 추구하며, 가장 좋은 것을 소망하라. 만일 우리가 더 잘 수 없음을 슬퍼한다면, 이 슬픔은 하나님께 흠향되는 제사가 될 것이다.

"피곤하지 아니하면 때가 이르매 거두리라"갈 6:9는 말씀을 늘 기억하자. 가능한 한 영적 훈련을 많이 하되 율법주의적인 모습이 되지는 말자. 온전한 성과를 거두지 못하더라도 우리의 노력은 헛되지 않다. 더 나아지려는 노력을 계속하자. 그러면 하나님의 은혜로 모든 것이 좋아질 것이다.

하나님을 묵상하는 훈련

"지극히 은혜로우신 주님, 주님을 안다는 것 자체가 너무나 큰 평안과 기쁨입니다. 하지만 주께서 인생의 눈을 열어 보게 하시지 않는다면 아무도 주를 알 수 없습니다. 그래서 나는 주께서 무한한 자비로 내 마음과 생각을 밝히셔서 주님과 주님의 거룩하고 온전하신 뜻을 영원토록 알게 하시기를 겸손하게 간구합니다. 주의 이름의 영예와 영광을 위해 이렇게 간구합니다. 아멘."

하나님을 알려고 노력할 때 우리의 영혼 안에 있는 그분의 생명이 자랄 것이다. 하나님을 더 잘 알 수 있는 방법들 중 하나는 그분을 깊이 묵상하는 것이다. 물론 주님은 우리의 생각으로 이해할 수 없을 정도로 탁월하고 영광스러운 분이심을 겸손히 시인해야 한다. 그러나 가능한 한 주님을 더 많이 알려고 노력해야 한다.

하나님을 안다는 것은 그분에 관해 안다는 뜻이 아니다. 내가 말하려는 뜻은 그분을 개인적으로 알려고 해야 한다는 것이다. 그러자면 공부는 물론이고 기도도 필요하다. 이런 식으로 하나님을 아는 것은 그분의 자녀에게 주어진 특별한 선물이다. 분명히 그것은 우리가 받을 수 있는 가장 소중한 선물이다.

그러므로 마음을 하나님께로 향하게 하고, 그분의 영원하고 무한하신 권능을 묵상하라. 그분의 탁월하신 지혜와 무한하신 선과 놀라우신 사랑을 자주 생각하라. 그분은 유일하고 참된 하나님이시다. 그분은 가장 탁월하시고, 가장 높으시며, 가장 은혜로우시다. 영원하고 불변하는 선이요, 영원하고 무한한 사랑이시다. 하나님께서는 너무나 위대하시므로 우리의 모든 생각과 말을 다 동원해도 그 크신 위엄의 극미한 부분마저 제대로 표현하지 못한다.

우리의 심령은 하나님 안에서 쉴 때만 평안과 안식을 누릴 수 있다. 이 진리를 믿음으로 말미암아 복되신 삼위일체 하나님을 줄곧 묵상해야 할 것이다. 온유하고 겸손한 영혼으로 성부와 성자와 성령 하나님을 경배하자. 우리의 영혼을 구속하시고 사랑하시는 분인 예수님을 자주 생각하자. 경외심과 겸손과 순종과 복종의 마음으로 신실하게 그분과 동행하자.

또한 우리는 자신의 가련한 처지에 대해 오래도록 깊이 생각해야 한다. 다른 사람들과 마찬가지로 우리도 죄로 오염되어 있고, 하나님을 대적하는 반역을 도모했다. 우리의 모든 불행은 죄악 때문이다. 참된 행복을 경험할 수 있는 유일한 길은 믿음으로 예수 그리스도와 연합하는 것이다.

자신과 다른 사람들에 관해 생각할 때 예수 그리스도를 평가기준으로 삼자. 그럴 때 우리 자신이 아무것도 아님을 알게 될 것이다. 아울러 이 세상에서 유명해지지 않아도 만족스러우며, 심지어 행복해지는 법을 배울 것이다. 비록 유명해져서 다른 사람들의 비판이나 비난을 듣는다 해도 평안할 수 있을 것이다. 물론 우리의 어리석거나 죄악된 행동으로 인해 그런 비판을 들어서는 안 된다.

우리는 죄를 미워하고 슬퍼해야 한다. 자신의 범죄를 혐오스러워해야 한다. 이런 슬픔이 우리의 심령에 밀려들면 거기 머물 것이 아니라, 십자가 보혈로 말미암아 죄사함을 베푸시는 그리스도께로 피하자.

예수 그리스도를 통해 우리 자신을 향기로운 제물로 하나님께 드리자. 그러면 하나님께서 흠향하실 것이다. 우리의 모든 것을 그분께 드리자. 하나님의 영광을 위해 모든 일을 하며, 모든 것을 활용하기로 결심하자. 하나님의 은혜로 온 힘을 다하여 그분을 섬기자.

무엇보다도 그리스도의 죽으심에 대해 자주 묵상하자. 그가 당하신 모든 고난을 철저히 숙고하자. 그가 매와 채찍에 맞으시고 조롱당하신 것을 생각하자. 잔혹한 십자가를 다시 생각해 보자. 그의 못박힌 손, 가시 면류관, 그에게 가해진 수치와 경멸, 세 시간 동안 지속된 어두움과 형언할 수 없는 고통을 생각하자. 그리고 그가 이 모든 고통을 우리를 위해 견디셨음을 기억하자.

주이신 예수님

"하나님 아버지, 주의 빛과 사랑을 내 마음에 비추셔서 내가 다른 무엇보다도 주를 더 많이 알며 사랑하게 하시고, 주 앞에서 겸손하게 살게 하소서. 주의 놀라운 사랑에 압도되어 나 자신을 잊을 수 있게 해주소서. 내 심령이 주의 사랑에 강력히 사로잡혀서 형통할 때나 궁핍할 때나 항상 주를 떠나지 않게 하소서. 내가 주를 너무나 기뻐하므로 어떤 고난이나 환난이 닥쳐도 주를 멀리하지 않길 원합니다. 내가 주를 깊이 앎으로써 나 자신보다 주께서 내게 더 실재적인 존재로 느껴지게 하소서. 나로 주의 거룩하신 임재를 분명히 자각하게 하시며, 내 모든 행동이 늘 그 자각에 의해 이끌리게 하소서. 나를 향한 주의 영원하신 사랑을 자각하며 살게 하소서. 나를 향한 주의 사랑에 놀라움을 금하지 못합니다. 내가 누구이기에 주께서 이토록 사랑하십니까? 아멘."

우리가 겸손하게 십자가에 못박히신 예수 그리스도의 삶을 따르려면 자신에 대해 죽어야 한다. 그리스도인이 되기 전에는 우리의 마음을 이 세상의 죄악된 쾌락에 두었다. 이제 그리스도를 알기 때문에 우리는 그분 안에서 발견되는 훨씬 더 나은 영적 희락에 마음을 두어야 한다. 하지만 이런 식으로 살아가기 위해서는 자신의 삶을 영적으로 보는 법을 먼저 배워야 한다.

우리는 예수 그리스도의 훈련에 전념해야 한다. 이는 우리가 늘 지체 없이 그분께 순종해야 함을 뜻한다. 매사에 그분의 허락을 구할 필요가 있다. 우리는 말하는 것과 행하는 것을, 어디로 갈 것인지를 정할 때 예수님의 뜻에 따라야 한다.

올바른 길로 가기 위해서는 자신이 하나님의 뜻 안에서 행하며 그리스도의 본을 따르는지 자문해 보아야 한다. 의무적으로 해야 하는 일마저도 그리스도를 통해 해야 한다. 우리는 이렇게 기도해야 한다. "주 예수님, 주의 복되신 임재와 지혜로 내 마음을 가득 채우셔서 마음과 몸의 모든 죄로부터 나를 지켜 주소서."

우리의 마음을 그리스도께 단단히 붙들어 매자. 십자가를 붙들고 결코 그것을 놓지 말자. 늘 하나님 앞에서 살아가자. 하나님께서 우리를 사랑하시며 범사를 형통하게 하실 것을 믿고서 모든 것을 하나님의 섭리에 맡기자. 그분이 그릇된 것을 올바르게, 악한 것을 선하게, 모든 상황을 형통하게 하실 것임을 전심으로 믿자. 이런 믿음을 지닐 때 우리는 주님을 아는 지식의 빛을 쬘 것이다.

전심으로 하나님을 사랑하지 못하게 하는 모든 것들과 우리 자신에 대해 죽자. 우리의 영혼을 하나님께 단단히 결합시킴으로써 비록 이 땅에서 고난을 당하더라도 하나님의 뜻이라면 그리고 그분의 이름을 영화롭게 한다면 그분의 은혜로 말미암아 기꺼이 감수하자.

하나님을 마음속에 모시길 원한다면 우리의 마음을 순전하게 하고 부정한 생각들을 물리치자. 악한 상상을 하지 말자. 왜냐하면 그것이 하나님의 임재로 말미암는 평안을 빼앗기 때문이다. 그리스도의 거룩하신 삶과 죽음을 늘 기억하자. 우리의 심령이 거룩한 생각에 사로잡혀 늘 하나님의 평강을 누리게 하자.

자아에 대해 죽음

"주 예수님, 나는 날마다 실패합니다. 줄곧 죄악의 유혹을 받는 나 자신을 봅니다. 내가 넘어질 때 주의 은혜를 베푸셔서 다시 일어설 수 있게 해주소서. 죄를 범한 후에 침묵 속에서 거만하게 살아가지 않게 하소서. 주의 은혜로 나의 죄악됨과 사악한 행실들을 주 앞에서 겸손히 자백하게 하소서. 나를 회개시키시고 변화의 결단을 내리게 하소서. 절망 가운데에서 고뇌하는 것이 아니라 자애로우신 주님의 사죄의 은총을 신뢰하는 믿음을 갖도록 도와주소서. 아멘."

하나님과의 관계를 훼방하는 모든 것을 버리기 위해 자신을 철저히 훈련시키자. 만일 하나님의 이름을 더럽히는 것이 우리의 삶에 있다면 과감하게 제거하자. 하나님의 뜻이 아닌 것에는 연연하지 말자. 우리가 죄악된 탐욕을 따라 쾌락을 추구하는 행태를 중단하기 전까지는 하나님으로부터 오는 기쁨을 결코 누리지도, 감지하지도 못할 것이다. 만일 그리스도로부터 차단시키는 것이 우리 속에 있다면, 우리는 그것을 포기하고 자신을 위해 또는 다른 사람들을 위해 더 이상 그것을 바라지 말아야 한다.

우리 모두는 자기중심적인 경향이 있다. 이기적인 동기가 없다면 아무것도 행하거나 바라거나 참을 수 없는 것 같다. 우리에게는 하나님보다 그분의 선물들을 사랑하게 만드는 이상한 애착심이 있다. 이 같은 애착심은 늘 우리를 교만과 탐욕에 빠트린다. 이를 피할 수 있는 유일한 방법은 날마다 십자가를 지고 자아에 대해 죽는 것이다.

우리는 영적 삶을 약화시키는 것들을 바라는 모든 욕구들을 제거할 필요가 있다. 그 자체로서는 정당함에도 불구하고 영혼을 더럽히며 성령을 근심하시게 할 수 있는 것들이 있다. 이를테면 음식은 선하며 하나님께 감사드리고 먹을 수 있는 것이다. 하지만 과식은 올무가 된다. 따라서 하나님과의 동행을 방해할 수 있는 것에 대해 늘 주의할 필요가 있다.

하나님 사랑은 우리 심령에 남아 있는 죄악된 욕구들을 죽이도록 도와주는 강력한 무기이다. 하나님을 향한 사랑을 늘이는 최선책은 그리스도를 묵상하는 것이다. 십자가에 못박히신 주님의 형상을 마음속에 새기자. 그분의 거룩성, 온유, 친절, 겸손을 자주 생각하자. 그분에 대한 생각은 그분에 대한 애착심으로, 그 애착심은 사랑으로 이어질 것이다.

하나님을 향한 사랑이 더해 가면서 우리의 영혼이 정결해짐을 발견할 것이다. 하나님을 사랑하는 삶은 영적 성장과 건강을 위해서도 필수적이다. 이 같은 삶은 정결케 하는 효력을 발휘한다. 이 세상 것들에 대한 집착에서 벗어나게 해주며, 천국의 것들을 단단히 붙들게 한다.

이처럼 강력한 영적 삶을 조장할 수 있는 실제적인 방법들 중 하나는 고독과 침묵의 시간을 갖는 것이다. 이것은 올바른 길로 매진하게 하는 데 매우 유용하다. 염려하지 말고 매일 해야 할 일을 실행하자. 하나님께 마음을 집중하자. 우리의 행동이 사랑에서 비롯되게 하자.

하나님 이외의 모든 것에 대해 죽지 않는 한 이 같은 영적 삶은 불가능하다. 다른 이들을 향한 사랑과 겸손한 태도를 야기시키는 것으로서 하나님에 대한 뜨거운 사랑보다 더 강렬한 것은 없다. 하나님을 향한 순전한 사랑을 지닐 때 우리는 위대한 영적 자유를 발견할 것이다. 전심으로 하나님을 사랑하는 자는 늘 하나님을 생각한다.

영적 성장을 방해하는 큰 장애물들 중 하나는 악감정이다. 우리는 어떤 사람에 대해서든 악감정을 모두 죽여야 한다. 다른 사람들로부터 인정과 경의와 찬사를 바라는 마음도 죽여야 한다. 이런 욕구에 집착하는 한 자신의 무가치함을 볼 수 없을 것이다. 다른 이들의 찬사를 바라는 마음은 하나님을 알지 못하도록 방해하며, 생명과 은혜와 선의 원천이신 그분을 즐거워하지도 못하게 한다.

하나님으로부터 얻는 은혜의 달콤한 경험을 사랑하는 마음도 제거하자. 그런 선물은 연약한 상태에 있는 우리에게 도움이 되지만, 그 자체가 경건한 삶을 제공해 주지는 않는다. 따라서 그런 경험을 신뢰해서는 안 된다. 오직 그리스도만을 신뢰해야 한다.

지나친 양심의 가책을 제거하자. 종종 이것은 자신의 과도한 자기사랑으로부터 비롯된다. 이것은 유익을 주지 않고 불안을 조성하고, 우리의 영혼에 먹구름을 드리우며, 사랑의 불을 꺼트린다. 믿음은 그런 양심의 가책에서 비롯되는 어둠을 내쫓는 힘을 지니고 있다. 믿음은 하나님을 향한 신뢰심을 강화시키며, 거룩성을 추구하는 열심을 일으킨다. 그것은 우리 마음속에 작용하여 불경스러움을 제거하고, 역경을 참아내며, 범사에 감사하게 한다.

조급함을 제거하자. 힘든 상황이 닥칠 때 그것이 하나님으로부터 온 것이든, 사람들로부터 온 것이든 조급해 하지 말자. 복수심을 버리고 마음에 분을 품지 말자. 원수를 사랑하자. 그리스도의 사랑으로 원수를 사랑하자. 가장 친한 친구를 사랑하듯 원수를 사랑하자.

이생에서 경험하는 모든 죄와 곤경은 자기중심적인 삶의 열매들이다. 그러므로 자기사랑과 자기의지를 제거하고 범사에 하나님의 뜻을 위해 그리고 그분을 기쁘시게 하기 위해 살자. 하나님께서 허용하시는 모든 시련과 고통과 곤경을 기꺼이 감내하자.

그리스도를 아는 지식을 위해 모든 것을 버림

"주님, 내가 주님을 알려고 노력했어야 할 때에 죄와 사악함을 추구했습니다. 주께서 나를 지으신 것은 주를 사랑하게 하시기 위함인 줄 알면서도 나는 그 사랑을 잃어버렸습니다. 나는 주를 쳐다보지 않고 땅만 보며 살아왔습니다. 내 마음의 회랑에는 주의 거룩하심을 묘사하는 그림들로 장식되어야 합니다. 하지만 나는 죄악된 생각들과 악한 상상을 그린 그림들을 거기다 걸었습니다. 사랑으로 내게 임하셔서 주의 보혈로 말미암아 이 끔찍한 그림들을 내 생각 속에서 지워 주소서.

복되신 예수님, 내 영혼에 주의 형상을 새기셔서 내 생각이 항상 주께 고정되게 해주소서. 내 심령을 주께 묶으셔서 주의 뜻이 곧 내 뜻이 되게 하소서. 주의 뜻이 어떤 것이든 기쁨으로 그것을 행하게 하소서. 주께서 허락하신 일들을 온전히 만족스러워하게 하소서. 주님의 징벌을 받을 때에도 결코 주를 반역하지 않게 하소서. 주를 열정적으로 사랑하며 흔쾌히 순종하게 하소서. 아멘."

자신의 일에만 몰두하지 말자. 모든 일을 온유한 심령과 겸손한 마음으로 하자. 자신의 일만을 생각하면 그리스도를 보지 못할 것이며, 그분을 향한 사랑이 식을 것이다. 그분을 아는 것은 사람이 경험할 수 있는 가장 큰 희락이다. 이렇게 기도하자. "내 뜻을 주의 뜻으로 바꾸시며, 주의 영광을 높이려는 갈망이 끊이지 않게 해주소서."

주님과 동행하며 그분을 늘 가까이하기 위해서는 모든 죄를 버려야 한다. 이 세상을 향한 사랑으로부터 자유로워질수록 하나님 여호와를 더 많이 즐거워할 수 있으며 또한 천국과 같은 삶을 더 온전히 살아갈 수 있다.

그리스도와의 관계를 방해하는 모든 것을 제거하려고 노력하자. 주 예수님을 알며 사랑하는 것을 목표로 삼자. 이를 삶의 목표로 삼을 때 우리는 늘 주님을 생각할 것이다. 좋든 나쁘든 일어나는 모든 일에서 하나님의 섭리를 보기 시작할 것이다. 그래서 모든 상황이 아름답게 변할 것이다. 우리가 그리스도께 찬양과 영광을 돌리는 일만을 바라게 될 것이다.

　무엇을 택할 것인지 결정할 때마다 하나님께 가장 영광이 되는 것을 택하자. 어떤 상황에서든 예수님이라면 어떻게 하셨을지 고려하자. 이웃에게 가장 유용하며 자신에게 관심이 가장 적게 돌려질 것을 택하자.

　만일 우리가 이 같은 길로 신실하게 행하며 영적인 문을 계속 두드리면, 분명히 하나님께서는 그 문을 열어 주실 것이다. 하나님께서 영혼의 곤경과 혼란상태로부터 우리를 구해 주실 것이다. 우리의 생각을 헛된 상상에서 벗어나게 하실 것이다.

　세상적인 애착심들 중에는 온 마음과 영혼과 생각과 힘을 다하여 하나님을 알며 사랑하려는 간절한 욕구에 의해서만 제거될 수 있는 것들이 있다.

　자신의 뜻을 따르느라고 우리의 삶에서 역사하시는 하나님을 방해하지 말자. 우리 자신의 뜻과 이기심과 세상 사랑을 더 많이 버릴수록 하나님께 더 가까워질 것이다. 그분을 더 많이 의뢰할수록 그분을 향한 참된 사랑도 더해질 것이다.

환난 중에 기뻐함

"나의 구주이신 예수님, 주님의 복되신 겸손을 내 마음에 새겨 주소서. 주의 무한하신 영광을 더 많이 자각하도록 도와주소서. 내가 주님을 뵐 때 나 자신도 분명하게 볼 수 있을 것입니다. 나 자신의 참모습을 볼 때 범사에 주의 뜻을 겸손히 받아들이지 않을 수가 없습니다. 주님을 위해서라면 내가 다른 사람들로부터 멸시와 부당한 대우마저 기꺼이 받길 원합니다. '나는 아무것도 아니며, 아무것도 가진 것이 없고, 아무것도 할 수 없으며, 주님 외에는 아무것도 원하지 않습니다.' 라고 늘 기도할 수 있게 해주소서. 아멘."

생활 중에 어떤 일이 일어나든 하나님을 멀리하거나 악감정에 사로잡히지 말자. 그분의 뜻과 사역을 우리 마음속에 기쁨으로 받아들이자. 우리의 욕구에 맞추려고 하나님의 계획을 변경시키려 하지 말자. 오히려 그분의 뜻에 맞추기 위해 우리 계획을 변경시키자. 만일 이 같은 태도로 시련을 맞는다면 우리는 그리스도를 알게 될 것이며, 다른 무엇보다도 그분을 즐거워할 것이다.

우리는 하나님의 뜻을 행하는 것을 가장 큰 기쁨으로 여길 필요가 있다. 설령 하나님의 뜻을 행하는 일이 고통, 질병, 슬픔, 어두움, 핍박을 수반할지라도 하나님을 사랑하므로 이것들을 감수하자. 이런 시련들로 인해 우리 마음이 죄악된 삶으로 되돌아가지 않도록 주의하자.

삶의 곤경들에 처했을 때 이 세상의 헛된 쾌락에서 위안을 얻으려 하지 말자. 곤경으로 인해 주님을 섬기는 일을 중단하고 싶은 유혹에 빠질 수도 있다. 결코 그런 유혹에 넘어가지 말자. 가능한 한 영적 사역에 몰두하자.

항상 우리는 역경을 하나님의 사랑의 표시로 그리고 그분을 향한 우리의 사랑의 시험test으로 여겨야 한다. 하나님께서는 더 많은 은혜와 선물들로써 우리의 삶을 부요하게 하려고 하실 뿐이다. 따라서 신실하게 인내하며 다른 무엇보다 혹은 다른 누구보다 그분을 더 사랑하자.

우리 자신을 산제사로 온전히 하나님께 드리자. 그분을 향한 사랑으로써 우리를 향하신 그분의 사랑에 보답하자. 그분의 사랑을 우리 영혼의 안식과 기쁨으로 삼자. 예수 그리스도 안에서 하나님과의 연합을 누리자.

그가 우리를 구원하셨으므로 그분을 알며, 사랑하고 싶은 우리의 욕구를 채워 주실 것을 확신할 수 있다. 일단 우리가 이 새로운 삶을 시작할 때 그분의 이름을 영화롭게 하는 것이면 무엇이든 기꺼이 받아들일 것이다.

그분을 위해 할 수 있는 모든 것을 다하고서도 우리는 아무것도 한 것이 없다고 느낄 것이다. 도리어 그토록 존귀하신 주님을 섬기는 일이 너무나 미흡했음을 부끄러워할 것이다. 그러므로 예전에 했던 것보다 훨씬 더 위대하고 온전한 사역을 모색하자. 뒤에 있는 것을 잊고 앞에 놓인 것을 향해 나아가자.

만일 우리가 그리스도를 향한 깊은 사랑을 이미 경험했고, 그분 안에 거하는 법을 배웠다면 힘을 다하여 그분께 매달리자. 이 세상의 헛된 것들을 추구하지 말자. 그것들이 기쁨과 안전과 만족을 제공하는 듯함을 나는 알고 있다. 하지만 그것은 모두 신기루이다. 그리스도의 샘에서 마시자. 그러면 영혼의 욕구들이 채워질 것이다.

모든 선한 은사가 하나님으로부터 비롯됨을 기억하자. 무엇이든 좋은 일이 생기면 하나님께 감사드리자. 우리의 모든 소유를 그분께 드리자. 우리 자신도 온전히 그분께 드리자. 하나님의 날개 아래 거하는 자에게 어떤 해악이 감히 닥칠 수 있겠는가? 그분의 허락이 없이는 아무것도 우리를 건드리지 못한다.

하나님께 더 가까이 나아갈수록 그분의 영원하신 선을 더 많이 알 것이다. 또한 그분으로부터 말미암고 그분과 재결합된 우리 영혼의 참된 존귀성을 알게 될 것이다. 우리가 하나님과 교류할 목적으로 피조되었음을 알게 될 것이다.

만일 우리가 하나님의 존전으로 올라가길 원한다면 그리스도의 복되신 겸손에 의지해야 한다. 거기서는 죄를 범하는 자아가 죽어야 할 것이다.

우리의 삶을 예수 그리스도께 드릴 때 그 무한하신 선의 바다에 자신의 영혼을 던진다. 그분의 사랑은 너무나 광대하므로 마치 대양이 한 방울의 물을 삼키듯이 그 사랑이 우리를 삼킬 것이다. 우리가 천국에 도달하면 영원히 변할 것이다. 우리가 저절로 생각하며, 지식 없이도 알고, 사랑 없이도 사랑하며, 깨닫지 못해도 그분이 우리를 헤아리실 것이다.

T·H·O·U·G·H·T

영적 성장을 위한 고려사항들

"주님, 나 자신이나 다른 누군가를 위해 내가 지닌 유일한 소원은 주님의 완전하신 뜻을 알며 행하는 것입니다. '주님, 어떻게 하길 원하십니까?' 하고 내 심령이 부단히 간구합니다. 내 뜻을 변화시키셔서 주님의 뜻에 부합하게 하소서. 주님의 사랑으로 그리고 주께 영광 돌리려는 부단한 소원으로 내 영혼을 가득 채우소서. 아멘."

다음은 영적 성장과 관련된 몇 가지 고려사항들이다.

1. 사람을 기쁘게 하려는 마음은 하나님을 기쁘시게 하려는 마음과 능력을 훼방한다.

2. 만일 우리가 번잡한 활동에 매이면 마음의 평안을 잃을 것이다.

3. 모든 염려를 하나님께 맡기고, 모든 것을 그분을 기쁘시게 하는 방향으로 하자. 크고 작은 모든 일에서 하나님을 찬양하자. 우리 자신의 뜻을 잊고 무조건적으로 하나님의 뜻에 기꺼이 순종하자. 형통하든지 역경에 처하든지, 안락하든지 고통스럽든지, 살든지 죽든지 전심으로 하나님의 뜻을 행하자.

4. 우리 심령을 오직 하나님께만 붙들어 매자.

5. 구주 예수님의 삶과 죽음과 부활을 계속 묵상하자.

6. 다른 사람들의 실패를 놓고서 험담하지 말고 우리 자신의 실패를 기억하자.

7. 자신을 너무 높게 여기거나 다른 이들을 경멸하지 말자.

8. 가능한 한 침묵과 고독의 시간을 많이 갖자. 하나님의 은혜를 통해 이 침묵과 고독이 많은 올무로부터 우리를 지켜 줄 것이다.

9. 하나님께 자주 기도하고 범사에 그분의 도우심을 구하자.

10. 하나님과 다른 사람들을 향한 사랑으로 우리의 심령을 채우며, 모든 일을 신실한 사랑으로 하자.

이 내용을 요약하면 다음과 같다.

1. 항상 하나님의 임재를 자각하자.

2. 항상 하나님의 뜻 안에서 기뻐하자.

3. 항상 모든 영광을 하나님께 돌리자.

T·H·O·U·G·H·T

결론적인 고려사항들

1. 만일 우리가 하나님을 조금 사랑하면 그분을 조금 신뢰할 것이다. 큰 사랑은 강한 확신을 불러일으킨다.

2. 소망으로 인해 우리가 태만하거나 자만해서는 안 된다. 하나님의 뜻을 행하고, 자아에 대해 죽으며, 하나님께 순종하는 기쁨이 더해야 한다.

3. 아무것도 염려하지 말자. 우리의 마음을 하나님께 고정시키고 오직 그분만을 사랑하자. 그러면 우리의 영혼이 큰 안식을 얻게 될 것이다.

4. 늘 하나님을 생각하자.

5. 정결한 마음으로 하나님께 신실하게 행하자. 마치 이 세상에 하나님과 나 자신만 존재하듯이 항상 그분을 바라며 묵상하자. 온 마음과 생각을 그분께 집중시키자.

6. 십자가에 달리신 구주께 생각을 고정시키며 그분의 온유하심, 사랑, 순종, 정결, 인내를 늘 기억하자.

7. 그리스도의 강하신 능력과 무한하신 선을 묵상하자. 그가 우리를 지으셨고, 우리를 구속하셨으며, 우리 속에 거룩하고 은혜롭고 선한 열매들을 맺게 하심을 기억하자. 늘 예수님을 생각하자. 그러면 우리의 생각이 사랑으로 변할 것이다.

8. 이 세상에 대한 생각을 접고 하나님 앞에서 침묵하자. 그러면 우리의 마음이 하나님의 거처로 적합해질 것이다.

9. 겸손이 우리를 하나님께로 가까이 이끌며, 그분의 은혜와 선물들을 받을 수 있는 그릇으로 변화시킨다. 이 복된 겸손의 덕목을 지녔다고 말할 수 있는 사람이 누구일까? 자아를 온전히 죽이며 교만의 무서운 뿌리를 제거하는 것은 너무나 힘든 일이다.

10. 모든 것을 하나님의 섭리에 맡기자. 하나님 외에는 아무것도 우리의 마음속에 들어오거나 거하지 못하게 하자. 이 세상의 모든 것은 우리의 사랑을 불태우거나 생각을 사로잡거나 우리를 근심하게 하기에는 너무나 부패한 상태이다. 세상적인 염려는 이 세상 사람들에게 맡기자.

11. 우리는 두 주인을 섬길 수 없다. 상반되는 두 가지를 동시에 사랑할 수는 없다. 자신이 무엇을 사랑하는지 알고 싶으면 대부분의 시간에 무엇을 생각하는지 자문해 보자. 우리의 생명을 잃으면 오히려 찾게 될 것이다. 이 세상을 뒤로 하고 그리스도께 매달리자. 땅을 멀리하고 하늘을 소유하자.

12. 모든 죄와 악은 자기의지의 결실이다. 모든 덕성과 영적 생명은 자아에 대해 죽고 우리를 온전히 하나님께 드릴 때 성장한다.

사명선언문

너희가 흠이 없고 순전하여……세상에서 그들 가운데 빛들로
나타내며 생명의 말씀을 밝혀 _ 빌 2:15-16

1. 생명을 담겠습니다
만드는 책에 주님 주신 생명을 담겠습니다.
그 책으로 복음을 선포하겠습니다.

2. 말씀을 밝히겠습니다
생명의 근본은 말씀입니다.
말씀을 밝혀 성도와 교회의 성장을 돕겠습니다.

3. 빛이 되겠습니다
시대와 영혼의 어두움을 밝혀 주님 앞으로 이끄는
빛이 되는 책을 만들겠습니다.

4. 순전히 행하겠습니다
책을 만들고 전하는 일과 경영하는 일에 부끄러움이 없는
정직함으로 행하겠습니다.

5. 끝까지 전파하겠습니다
모든 사람에게, 땅 끝까지, 주님 오시는 그날까지
복음을 전하는 사명을 다하겠습니다.

서점 안내

광화문점 서울시 종로구 새문안로 69 구세군회관 1층
02)737-2288 / 02)737-4623(F)

강남점 서울시 서초구 신반포로 177 반포쇼핑타운 3동 2층
02)595-1211 / 02)595-3549(F)

구로점 서울시 동작구 시흥대로 602, 3층 302호
02)858-8744 / 02)838-0653(F)

노원점 서울시 노원구 동일로 1366 삼봉빌딩 지하 1층
02)938-7979 / 02)3391-6169(F)

일산점 경기도 고양시 일산서구 중앙로 1591 데이프라운 지하 1층
031)916-8787 / 031)916-8788(F)

의정부점 경기도 의정부시 청사로47번길 12 성산타워 3층
031)845-0600 / 031)852-6930(F)

인터넷서점 www.lifebook.co.kr